Horst Schümmelfeder

Der Vorgarten

Raum zwischen Garten und Haus
Funktion, Gestaltung, Beispiele

Callwey

UNTER MITARBEIT VON STEFANIE KAMPMANN

Zu Abbildung auf Seite 2
Moderner überdachter Hauseingang
mit üppiger Vorgartenbepflanzung

CIP-Titelaufnahme der Deutschen Bibliothek
Schümmelfeder, Horst:
Der Vorgarten: Raum zwischen Garten und Haus; Funktion,
Gestaltung, Beispiele / Horst Schümmelfeder. Unter Mit-
arbeit von Stefanie Kampmann. – München: Callwey, 1990
(. . . rund ums Haus)
ISBN 3-7667-0966-6

© 1990 by Verlag Georg D. W. Callwey, München
Alle Rechte vorbehalten, auch die des auszugsweisen
Abdruckes, der photomechanischen Wiedergabe und der
Übersetzung
Umschlagentwurf   Baur + Belli Design, München, unter
Verwendung der Abbildung 205
Lithos   Ger-Ital, München
Gesamtherstellung   Kösel, Kempten
Printed in Germany
ISBN 3-7667-0966-6

INHALT

EINLEITUNG

Der Vorgarten als Bindeglied zwischen Straße und Haus existiert – so wie man ihn heute kennt – eigentlich erst seit Mitte des 19. Jahrhunderts. Traditionell bestand er aus einer Gartenanlage und einer Einfriedigung.

Die Polizeiverordnung für Berlin aus dem Jahre 1855 zum Beispiel, eine der frühesten Verordnungen, die sich mit dem Thema Vorgärten befaßt, stellt fest: »Wo Vorplätze zwischen den Baufluchtlinien und den Bürgersteigen resp. Fahrdämmen der öffentlichen Straßen und Plätze zugelassen worden sind, dürfen dieselben nur zu Gartenanlagen benutzt und nur mit einer aus Gitterwerk bestehenden Einfriedigung versehen werden. Zu Abweichungen von dieser Vorschrift ist eine besondere polizeiliche Erlaubnis erforderlich.«

Der Vorgarten sollte ausschließlich zum Schmuck des Hauses wie des Straßenraumes, aber auch als gewisse Schutzzone dienen. Keinesfalls durfte er gewerblich genutzt (zum Beispiel zu Schankzwecken) oder gar zum Hühnerhof umfunktioniert werden. Über hundert Jahre haben so die Vorgärten eine wichtige Aufgabe gehabt und erfüllt.

Nach dem Zweiten Weltkrieg hat sich dies – besonders in den Städten – einschneidend geändert. Städtebauliche Veränderungen wie die Verbreiterung von Straßen und Schaffung zusätzlichen Parkraumes, Umbau und »Modernisierung« von Gebäuden und ein mangelndes Interesse der Bewohner am Grün vor dem Haus haben die Vorgärten vielerorts verdrängt. Erst jetzt beginnt man wieder zu erkennen, welch wichtige Rolle heute der Vorgarten als Teil des Stadtgrüns in dem ökologisch vernetzten Gesamtsystem der Städte spielt.

Neben der Schmuckfunktion für Haus und Straße wie der Aufgabe als Schutzzone kommt nun der ökologische Aspekt der bepflanzten und wenig versiegelten Vorgartenfläche hinzu:

Die Pflanzen bieten Schutz vor Überhitzung und Trockenheit und tragen über die Verdunstung zur Regulierung der Luftfeuchtigkeit bei, was einen spürbaren Kühleffekt zur Folge hat. Das dichte Blattwerk der Bäume filtert den Staub, der nicht versiegelte Boden wirkt durch die natürliche Versickerung als Wasserspeicher.

Als »halböffentlicher Bereich« muß der Vorgarten die verschiedensten Funktionen erfüllen und viele bauliche Details aufnehmen: Eingangsweg von der Straße zum Haus, Garagenzufahrt, Fahrradständer, Briefkasten, Beleuchtung, Mülltonne und oft genug auch noch ein Einstellplatz für den Zweitwagen. Neben diesen mehr technischen Erfordernissen soll der Raum zwischen Straße und Haus durch Bepflanzung zumindest den Eindruck eines »Gartens« vermitteln und möglicherweise einen Aufenthalt darin gestatten.

Zum Beispiel durch einen kleinen gemütlichen Sitzplatz oder nur durch eine Bank vor dem Haus. Ein abgeschirmter Vorgarten kann durchaus ein idealer Spielplatz in Wohnungsnähe für Kinder sein. Ob jedoch aus dem Vorgarten ein Lebens- und Erlebnisraum entsteht, hängt davon ab, wie man mit der Fläche gestalterisch umgeht. Grundsätzlich sollten folgende Überlegungen der eigentlichen Planung vorausgeschickt werden:

- Wie groß ist die zur Verfügung stehende Vorgartenfläche?
- Welche Funktionen müssen oder sollen darin erfüllt werden, und wieviel Platz ist dafür notwendig?
- Wie ist die Geländeform ausgebildet (ebenes Gelände – Hanglage)?
- Um welchen Haustyp handelt es sich?
- Welche Materialien wurden beim Hausbau verwendet (Putz, Klinker, Naturstein)? Daraus läßt sich möglicherweise das Material für Wege, Stufen und Treppen ableiten.
- Ist eine Eingliederung in das vorhandene Straßenbild möglich? Gibt es prägende oder gliedernde Elemente im Straßenbild wie zum Beispiel bestimmte Bäume oder Zaunarten?
- Welche Pflanzen kommen in Frage? Abhängig von Klima-, Licht- und Bodenverhältnissen. Pflanzenthemen durchspielen:

Sonne: zum Beispiel Rosen und Begleitpflanzen;
Schatten: zum Beispiel Hortensien, Efeu, Buchsbaum.
- Welche Verordnungen, Satzungen und Gesetze sind zu beachten? Zum Beispiel bei Höhe und Art der Einfriedigung.

Auf Grund dieser Überlegungen werden sich eine ganze Reihe an Notwendigkeiten ergeben, die die weitere Planung des Vorgartens stark beeinflussen können.

Ein allgemeingültiges Rezept für die Planung von Vorgärten gibt es nicht. Dafür sind einfach die Vorgaben und die jeweiligen Ansprüche der Benutzer zu unterschiedlich. Es gibt aber Kriterien, die dazu beitragen können, aus dem Raum zwischen Straße und Haus einen Gartenraum zu schaffen.

Dazu soll dieses Buch beitragen.

TECHNISCHER TEIL

WEGEFÜHRUNG

Hat man sich über die notwendigen Funktionen im Vorgarten, ihren Raumbedarf sowie die Einfriedigung Gedanken gemacht, so stellt sich die Frage nach der Erschließung des Vorgartens, das heißt nach der Wegeführung von der Straße zum Hauseingang. Die Wegeführung richtet sich nach der jeweiligen Grundstücksgröße, beziehungsweise nach der Entfernung zwischen Straße und Hauseingang.

Vor der Haustüre selbst sollte sich der Zuweg platzartig erweitern, damit auch mehrere Personen dort stehen können oder man etwas abstellen kann. Dies gilt auch für Treppen am Hauseingang. Die oberste Stufe sollte als Podest ausgebildet werden, denn es ist oft störend, wenn nicht einmal zwei Personen zusammen vor der Haustüre stehen können.

Die direkte Wegeverbindung zwischen Hauseingang und Straße ist vor allem bei kleinen Vorgär-

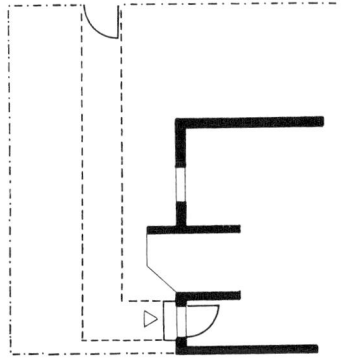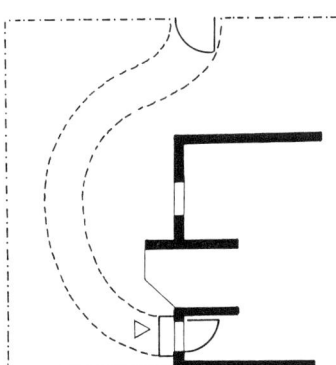

1 Die versetzte Wegeführung ermöglicht eine spannungsvolle Bepflanzung.

2, 3 Ob ein Zugang von der Straße zum Hauseingang geradlinig oder geschwungen verläuft, hängt vom Gestaltungskonzept des Vorgartens ab. Eine strenge architektonische Gestaltung würde den direkten Weg vorziehen. Zu einer mehr landschaftlich orientierten Gestaltung paßt der geschwungene Weg besser.

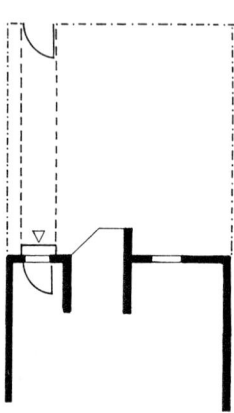

4–6   An diesen Skizzen läßt sich gut erkennen, wie allein durch die Wegeführung – direkt, diagonal oder geschwungen – die Gestaltung des Vorgartens beeinflußt wird.

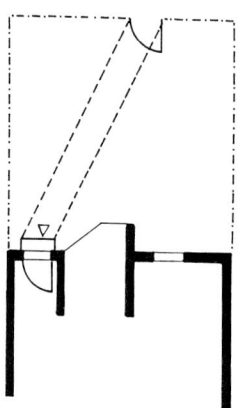

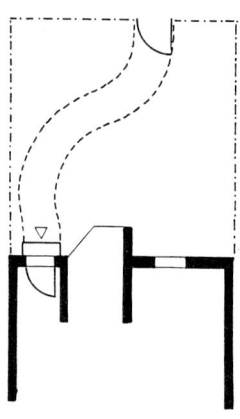

ten praktisch und empfehlenswert, jedoch häufig nicht so erlebnisreich wie eine geschwungene oder abgewinkelte Wegeführung. Sofern sich der Hauseingang nicht direkt gegenüber dem Eingangstor befindet, kann der Weg schräg oder kurvig angelegt werden. Ein Weg, der nicht einfach gerade verläuft, wirkt länger, künstlerischer und bietet die Möglichkeit, sich dem Baukörper betrachtenderweise zu nähern. Er schafft den Abstand zwischen dem öffentlichen Bereich und der privaten Atmosphäre. Dem Weg als Bindeglied zwischen diesen beiden Bereichen sollte daher auch bei der Materialwahl und Verlegeart besonderes Augenmerk geschenkt werden. Bevor man sich für eine Form der Wegeführung entscheidet, empfiehlt es sich, alle Funktionen, die der Vorgarten später erfüllen muß, in einen Lageplan, in dem Haus, Garage und Eingänge sowie Vorgartenfläche und Straßenverlauf eingetragen sind, einzuzeichnen. Dies erleichtert beziehungsweise bestimmt auch schon oft den Wegeverlauf.

Wegebreiten

Fußweg einläufig: 0,75 cm.
Fußweg mehrläufig: n × 0,75 m.
Um bequem zu zweit einen Weg von der Straße zum Hauseingang zu beschreiten, reichen aber auch schon 1,30 m aus.
Garagenzufahrten sollten mindestens 2,50 m breit sein. Damit man beim Aussteigen aus dem Auto nicht gleich in der Bepflanzung steht, kann die Wegebreite hier auch 3,0 m betragen.

7   Polygonal verlegte
Natursteinplatten lockern
die strenge Wegeführung
auf.

*8   Hecken und geschnit-
tene Figuren aus Eibe ergeben auf dem Weg zum Haus
immer neue Perspektiven.*

9   Der Weg führt zunächst
durch einen Spalierbogen
und dann auf streng architektonisch angelegtem Pflaster, umgeben von klassi-
scher Vorgartenbepflan-
zung, zum Hauseingang.

10   Die großzügige Gara-
genzufahrt in abwechs-
lungsreicher Pflasterung
bildet auch einen Teil des
Weges zum Haus.

11   Garagenzufahrt und
Eingangsweg sind durch
Pflanzflächen voneinander
getrennt. Die schräg verlau-
fenden Pflasterstreifen führen zum Hauseingang hin.

12   Großformatige, anein-
andergereihte Naturstein-
platten geben die Wege-
führung vor.

13 Plan eines klassischen Buchsbaum-Vorgartens (siehe auch nebenstehendes Foto).

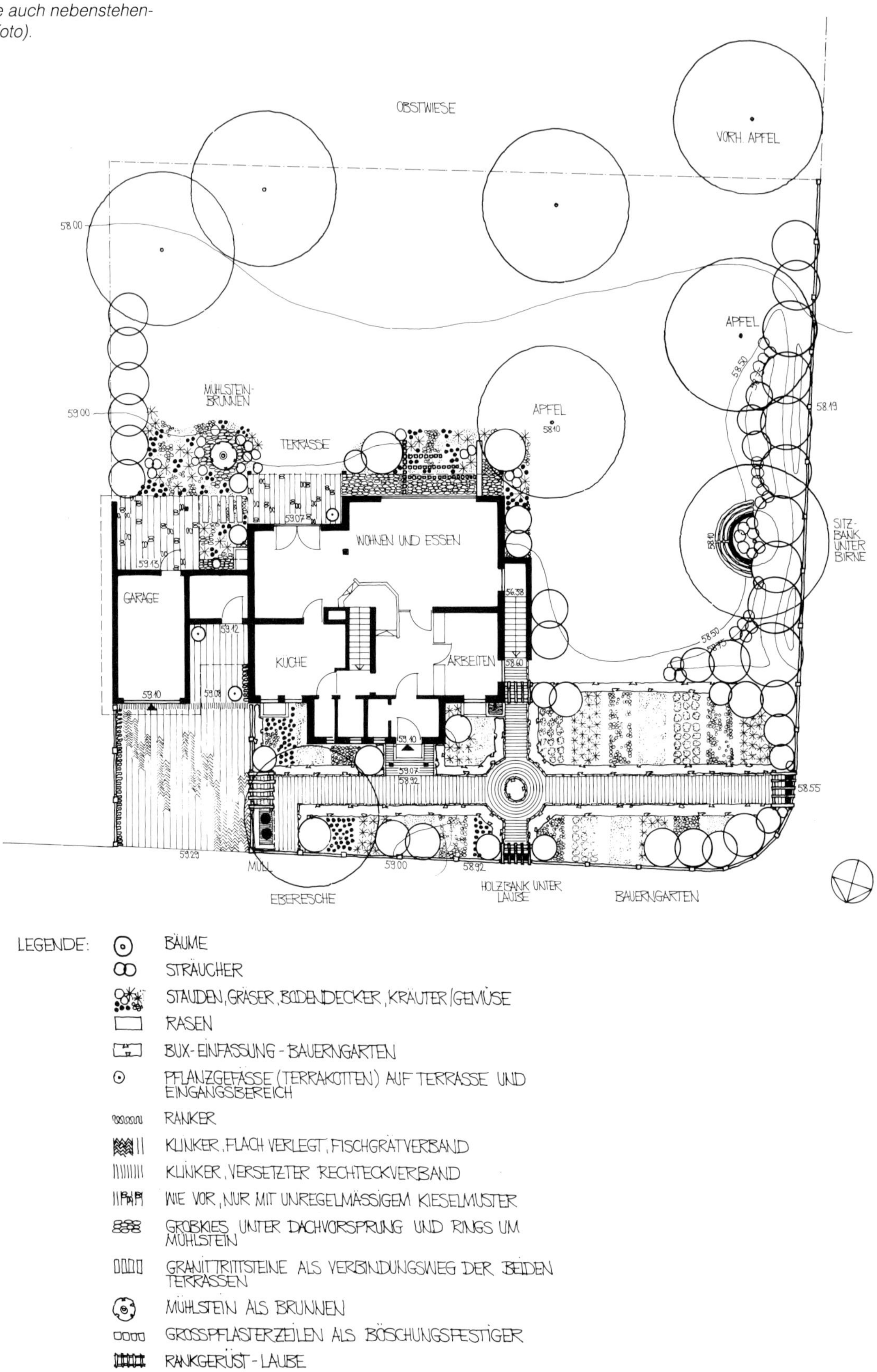
OBSTWIESE
VORH. APFEL
58.00
APFEL
58.50
58.19
59.00
MÜHLSTEIN-BRUNNEN
TERRASSE
APFEL
58.10
SITZ-BANK UNTER BIRNE
59.07
WOHNEN UND ESSEN
59.13
GARAGE
59.12
KÜCHE
ARBEITEN
58.60
59.10
59.08
59.40
59.07
58.92
58.55
59.29
MÜLL
59.00
58.92
EBERESCHE
HOLZBANK UNTER LAUBE
BAUERNGARTEN
LEGENDE:
BÄUME
STRÄUCHER
STAUDEN, GRÄSER, BODENDECKER, KRÄUTER/GEMÜSE
RASEN
BUX-EINFASSUNG - BAUERNGARTEN
PFLANZGEFÄSSE (TERRAKOTTEN) AUF TERRASSE UND EINGANGSBEREICH
RANKER
KLINKER, FLACH VERLEGT, FISCHGRÄTVERBAND
KLINKER, VERSETZTER RECHTECKVERBAND
WIE VOR, NUR MIT UNREGELMÄSSIGEM KIESELMUSTER
GROBKIES UNTER DACHVORSPRUNG UND RINGS UM MÜHLSTEIN
GRANITTRITTSTEINE ALS VERBINDUNGSWEG DER BEIDEN TERRASSEN
MÜHLSTEIN ALS BRUNNEN
GROSSPFLASTERZEILEN ALS BÖSCHUNGSFESTIGER
RANKGERÜST - LAUBE
58.92 HÖHENPUNKTE
HÖHENLINIEN (ANSCHÜTTUNG ZUR STRASSE HIN)

14   Axial angelegte Wege
treffen auf ein Rundbeet.
Die Wegränder werden von
Buchsbaum eingefaßt.

15   Von prachtvollen
Strauchrosen eingerahmter
Weg zum Haus

WEGEMATERIAL

Als Wegematerial stehen Platten und Pflaster in unterschiedlichen Größen aus Naturstein oder Betonwerkstein zur Verfügung. Auch Pflasterklinker in verschiedenen Größen und Farben lassen sich gut im Vorgarten verwenden.

Kombinationen von Platten und Pflaster oder Klinker und Pflaster sind durchaus möglich, man sollte sich aber auf zwei bis drei Steinarten beschränken.

Die Wahl der Größe und des Formates der einzelnen Steine richtet sich nach der Größe der Fläche, die befestigt werden soll. Wer also nur einen kleinen Weg pflastern möchte, sollte zum Beispiel dafür kein großformatiges Bauernpflaster verwenden, sondern Kleinpflaster oder sogar Mosaikpflaster. Ausschlaggebend für den Gesamteindruck ist neben der Form, Größe und Farbe des verwendeten Steines auch die Art der Verlegung. Das Fugenbild bei der Plattenfläche, die Pflasterung in Reihen oder Bögen, die Anordnung von Klinkern im römischen Verband oder ihre Verlegung im Fischgrät-Muster spielen eine oft unterschätzte Rolle.

Folgende Materialien stehen für die Weggestaltung zur Verfügung:

16   Natursteinpflaster in kreisförmiger Verlegeart

Platten

1. Naturstein

Granit, Porphyr, Quarzit, Gneis, Sandstein, Grauwacke, Schiefer, Basaltlava.
Stärken: unterschiedlich, ca. 4–5 cm.
Oberflächen: nach Steinart verschieden
– spaltrauh/bruchrauh
– gesägt
– geflammt
– gestockt.

2. Betonwerkstein

Unterschiedliche Größen, in quadratisch oder rechteckig erhältlich.
20/40, 30/30, 40/40, 50/50, 40/60 cm.
Verschiedene Farben und Oberflächenstrukturen.
Stärken: meist 5 cm.

3. Klinker

Verschiedene Hersteller bieten Klinkerplatten in den Größen 15/15 und 20/20 cm an.
Farben: rot, rotbunt, braun.
Stärken: 4 und 5 cm.

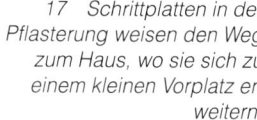

17   Schrittplatten in der Pflasterung weisen den Weg zum Haus, wo sie sich zu einem kleinen Vorplatz erweitern.

18 Schieferplatten als Tritt-
steine werden von Pflasterstreifen eingerahmt.

19 Auch mit Betonstein-
pflaster kann man eine
atmosphärische Gestaltung
des Vorgartens ver-
wirklichen.

20   Porphyr-Platten und
-Pflaster als Wegematerial
für eine Garageneinfahrt

21   Alte Natursteinplatten
im Wechsel mit Granit-
pflaster

22   Alte Basaltplatten und
Pflaster

Pflaster

1. Naturstein

Granit, Basalt, Porphyr, Andesit, Melaphyr, Grauwacke

Man unterscheidet nach Größen:
- Mosaikpflaster 4–6 cm
- Kleinpflaster 6/8, 8/10, 10/12 cm
- Großpflaster 14–16 cm

Farben: nach Steinart unterschiedlich; grau, blau-schwarz, grünlich, rot, braun und gemischte Farbtöne.

Pflastersteine aus Naturstein zeichnen sich durch bleibende Schönheit, Farbechtheit und Haltbarkeit aus. Sie sind frostbeständig und wiederstandsfähig gegen alle Auftaumittel. Die Natürlichkeit des Materials harmoniert in besonderer Weise mit Pflanzen.

Bei der Verwendung von Natursteinpflaster als Material für den Hauseingangsweg ist aber zu bedenken, daß eine Pflasterfläche niemals ganz eben ist. Auch sind Damen, die gerne Schuhe mit höheren Absätzen tragen, oft nicht sehr glücklich über Pflasterwege.

2. Betonwerkstein

Betonpflaster und Betonverbundsteinpflaster werden in vielen unterschiedlichen Formen, Farben, Größen und Stärken angeboten. Auch wenn sie erheblich preisgünstiger als Natursteinpflaster sind, können sie im Aussehen nicht damit konkurrieren. Inzwischen wird auch eine ganze Reihe von Betonpflaster angeboten, welches das Aussehen von Natursteinpflaster vortäuscht. Wer aber genau hinschaut, wird den Unterschied sofort bemerken.

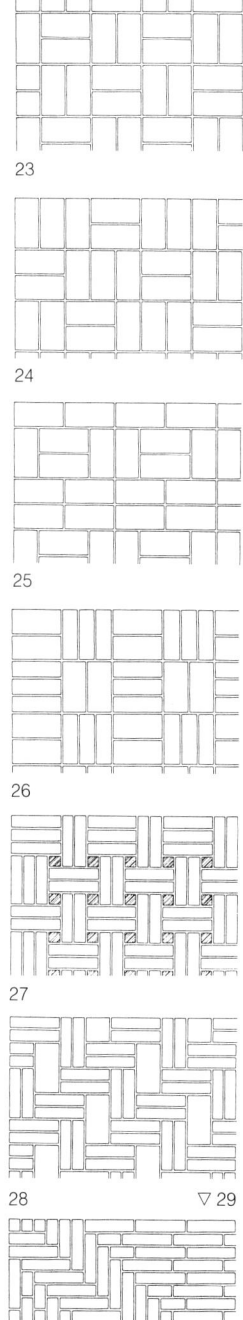

23

24

25

26

27

28   ▽ 29

23–29   Unterschiedliche Verlegemuster für Pflasterwege aus Klinker:
Abb. 23   Blockverbund;
24–26   Variation des Blockverbunds oder Parkettmusters;
27   Flechtverbund;
28   Ellbogenmuster;
29   Variation des Fischgrätmusters

30   Garagenvorplatz mit
Asphalt, gerahmt durch
Betonsteinpflaster

31   Leicht geschwungene
Garagenauffahrt in Pflaster

32   Granitpflaster, in Bögen verlegt

33   Granitpflaster, in Reihen auf langen Stufen verlegt

3. Klinker

Pflaster und Kleinpflaster aus Klinker sind eine schöne und preiswerte Alternative zum Natursteinpflaster. Der Pflasterklinker, nur diesen kann man als Wegebelag verwenden, besteht aus den Grundstoffen Lehm, Schiefer und Ton. Das Brennen mit Temperaturen von weit über 1000°C gibt ihm seine lange Lebensdauer, die herrlichen Farbtönungen und eine besondere Lebendigkeit. Gegenüber dem Natursteinpflaster hat der Pflasterklinker den Vorteil, auch als Material für die Herstellung von Treppenanlagen verwendet werden zu können.

Formate: 24 × 11,8 cm und 20 × 10 cm in unterschiedlichen Stärken von 4,5 cm bis zu 7,1 cm. Die jeweilige Stärke hängt von der Art der Verwendung ab. Die kleinen Stärken sind für Wege ausreichend, Fahrwege benötigen größere Stärken. Dementsprechend ist auch die Stärke des notwendigen Unterbaues zu wählen.

Farben: rot, rotbunt, braun.

4. Holz

Holzpflaster können, aber nur wenn sie kesseldruckimprägniert sind, unter Umständen als Wegematerial im Vorgarten Verwendung finden. Man muß im Einzelfall genau prüfen, ob es auch wirklich zum Haus und seiner Umgebung paßt, da es doch sehr rustikal ist. Rutschgefahr bei feuchtem Wetter, besonders in stark begrünten und schattigen Bereichen, ist nicht ganz auszuschließen.

Es gibt Kantholz- und Rundholzpflaster. Kantholzpflaster, rechteckiger Querschnitt, aus Nadelholz oder Eiche.

Formate von 10 × 12 cm bis 15 × 35 cm.
Höhen: 10 und 15 cm.
Rundholzpflaster, runder Querschnitt,
aus Nadelholz, meist Kiefer.
Querschnitte: von 8–20 cm.
Höhen: 10 und 15 cm.

Das Holz zeigt auf der Gehfläche immer seine Hirnholzseite und ist dadurch sehr abriebfest. Die Salzverträglichkeit im Winter wird von den Herstellern gewährleistet (wenn auch vom Salzen generell eher abzuraten ist).

Die Lebensdauer von Holzpflaster wird sehr unterschiedlich beurteilt. Fest steht auf jeden Fall, daß es mit Natursteinpflaster oder Pflasterklinker nicht konkurrieren kann.

34 Wegkreuzung aus Pflasterklinker in verschiedenen Verlegearten

35 Die konsequente Verwendung von Holz am Haus setzt sich in den Holzdecks als Wegematerial im Vorgarten fort.

Wassergebundene Decke und Kies

Nur in sehr großen Anlagen können die sogenannte »wassergebundene Decke« und Kies als Wegematerial zur Anwendung kommen.

Bei der wassergebundenen Decke besteht die Deckschicht aus einer im verdichteten Zustand 3–5 cm starken Lage Natursand, zum Beispiel Lehmsand, in einer Körnung von bis zu 10 mm. Man kennt dieses Material von den Parkwegen, seine Nachteile bei Regen, Frost und Schnee dürften jedem Spaziergänger bekannt sein.

Kies ist ein altes, leider sehr in Vergessenheit geratenes Wegematerial. Als Quarzkies in einer kleinen Körnung wird es in einer Stärke von 3–5 cm auf einer entsprechenden Schottertragschicht (15–20 cm) eingebaut.

Beide Wegematerialien erfordern eine Wegebegrenzung (Kantenstein, Pflasterkante, Klinkerrollschicht) und einen nicht unerheblichen Pflegeaufwand. Wer sich für einen Belag aus wassergebundener Decke oder Kies entscheidet, sollte auf jeden Fall vor dem Hauseingang eine Platzfläche aus Platten oder Pflaster mit einem eingelassenen Gitterrost vorsehen. Kies hat übrigens einen zusätzlichen Aspekt: Wer ums Haus schleicht, wird zumindest akustisch sofort bemerkt.

36   Kiesweg im ländlichen Vorgarten

37 Eingangsbereich eines
englischen Landhauses

STUFEN, TREPPEN UND MAUERN

Stufen und Treppen sind oft auch im kleinen Vorgarten notwendig, um vorgegebene Höhenunterschiede zu überwinden. Neben dieser Notwendigkeit können sie aber auch die Gartenfläche vor dem Haus optisch bereichern, sie interessanter und reizvoller erscheinen lassen. Dies besonders in Verbindung mit Pflanzen, die die Stufen und Treppen einbinden.

Wer Stufen und Treppen im Vorgarten einbauen will oder muß, sollte sich bei der Wahl des Materials hierfür zum Beispiel vom Wegebelag leiten lassen.

Wurden hier Grauwacke-Pflaster verwendet, dann empfiehlt es sich, die Stufen und Treppen aus Grauwacke-Platten oder -Blockstufen zu erstellen. Zu Betonplatten passen Blockstufen aus Sichtbeton. Sehr schöne Stufen und Treppenanlagen lassen sich aus Pflasterklinker herstellen. Blockstufen aus Holz oder Eisenbahnschwellen eignen sich nur bedingt, da sie bei feuchter Witterung eine rutschige Angelegenheit werden können. Man unterscheidet Blockstufen, Leg- und Stellstufen, Winkelstufen und Holzstufen.

Wofür man sich entscheidet, hängt von den örtlichen Gegebenheiten, dem Steinmaterial und dem persönlichen Geschmack ab. Letzten Endes entscheidet sicher auch der Geldbeutel. Wichtig ist vor allem, daß Stufen im Garten nicht höher als jeweils 15 cm sein sollten. Einzelne Stufen werden leicht übersehen und können deshalb eine Gefahrenquelle sein.

Treppen lassen sich leichter gehen, wenn sie aus einer ungeraden Anzahl von Stufen bestehen. Die einzelnen Stufen in einer Treppenanlage müssen immer die gleiche Steighöhe aufweisen, denn die Motorik des Menschen stellt sich beim Begehen einer Treppe automatisch auf die jeweilige Steighöhe ein. Ist dann auch nur eine Stufe höher oder niedriger, stolpert man leicht.

Unter dem Thema »Einfriedigung« wird auf Mauern als Abgrenzung des Vorgartens eingegangen. Auch kleinere Mauern wie Trockenmauer, Stützmauer und Sitzmauer können im Vorgarten nicht nur eine funktionale Aufgabe erfüllen, son-

38   Natursteinblockstufen mit begrünten Klinkermauern

dern durchaus eine Bereicherung der Gesamtgestaltung sein.

Bei Trockenmauern werden Bruchsteine, hammerrecht bearbeitete Natursteine oder auch Findlinge ohne Mörtelverbindung trocken aufeinandergesetzt und nicht verfugt. Die entstehenden Fugen lassen sich bepflanzen, oder es siedeln sich im Laufe der Zeit durch Aussamung von selbst Pflanzen an.

Stützmauern können aus Naturstein, Kunststein oder Sichtbeton erstellt werden. Auch Betonfertigteile (Winkelstützmauern) sind eine preiswerte Möglichkeit zur Erstellung von selbst höheren Stützmauern. Auf eine ausreichende Drainage gegen Hangwasser ist bei der Anlage von Stützmauern zu achten. Niedrige Mäuerchen wie Sitzmauern lassen sich auch gut aus Klinkersteinen herstellen.

39   Verlegemuster für Klin-
kerpflaster bei Garten- und
Freitreppen mit verschiede-
nem Unterbau

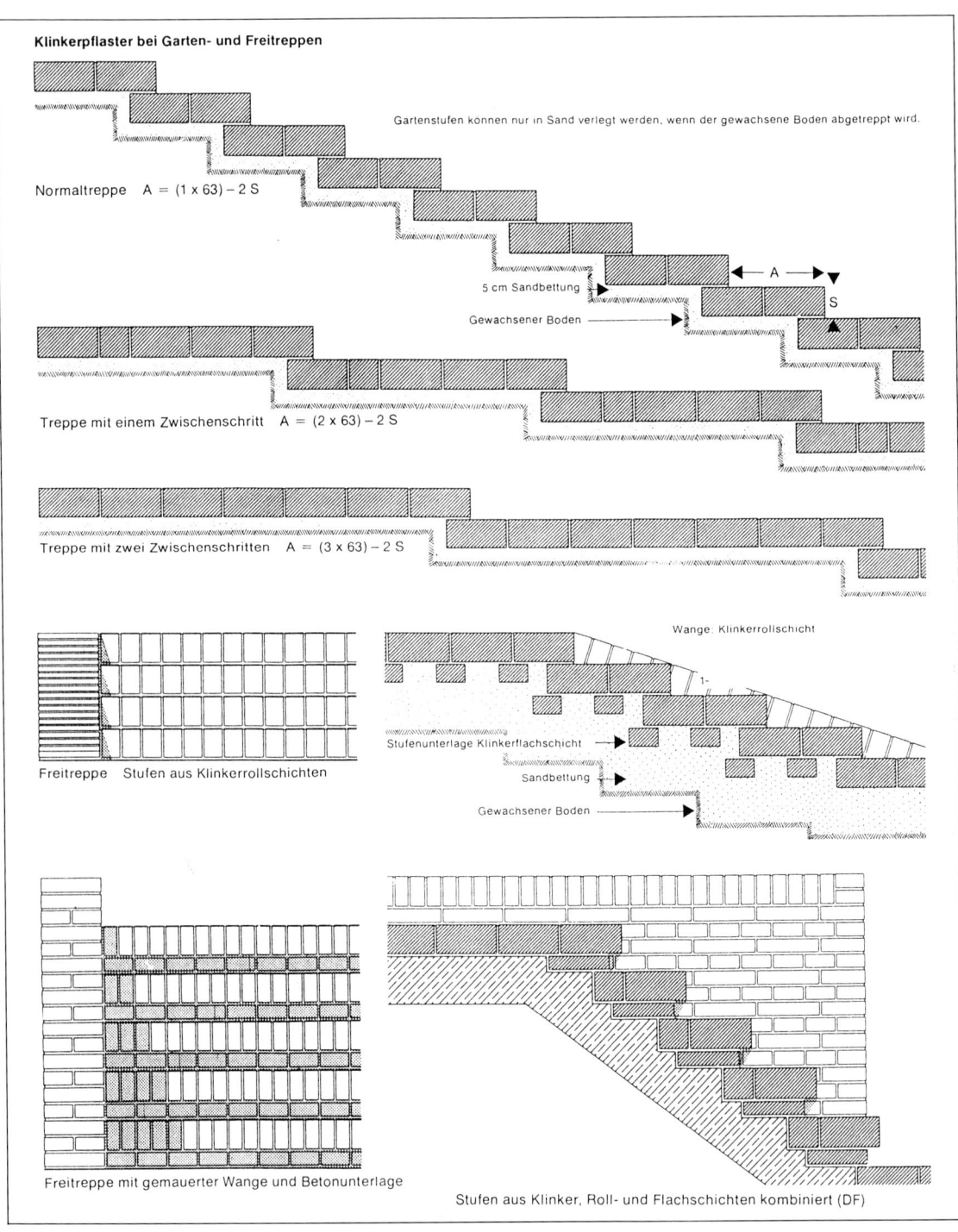

Klinkerpflaster bei Garten- und Freitreppen

Gartenstufen können nur in Sand verlegt werden, wenn der gewachsene Boden abgetreppt wird.

Normaltreppe   A = (1 x 63) − 2 S

A

S

5 cm Sandbettung

Gewachsener Boden

Treppe mit einem Zwischenschritt   A = (2 x 63) − 2 S

Treppe mit zwei Zwischenschritten   A = (3 x 63) − 2 S

Wange: Klinkerrollschicht

Stufenunterlage Klinkerflachschicht

Sandbettung

Gewachsener Boden

Freitreppe   Stufen aus Klinkerrollschichten

Freitreppe mit gemauerter Wange und Betonunterlage

Stufen aus Klinker, Roll- und Flachschichten kombiniert (DF)

40   Blockstufen und
Strauchrosen

42   Flache, großzügige
Stufenanlage aus Klinker

41   Stufen und Pflaster aus
Granit

43   Auf Holzbohlen muß
man bei Nässe mit Rutsch-
gefahr rechnen.

44 Geschwungener
Treppenaufgang vor einem
Landhaus

45 Schuppenartiger
Stufenverlauf einer
Pflastertreppe

46 Treppe aus senkrecht
gestellten Porphyrplatten
und porphyrfarbenen
Betonsteinen

EINFRIEDIGUNGEN

Eine Abgrenzung des Vorgartens hin zum öffentlichen Straßenraum erreicht man durch Bepflanzung (zum Beispiel Hecken) oder durch Mauern, Zäune, Gitter und ihre Kombinationen. Wählt man Heckenpflanzen für die Begrenzung, so kann man sich für eine freiwachsende oder geschnittene Hecke entscheiden.

Freiwachsende Hecken (zum Beispiel Blütengehölze) benötigen viel Platz, unter Umständen bis zu drei Meter Breite. Sie bieten aber Vögeln und Kleinlebewesen einen wichtigen Lebensraum. Sie haben von beiden Seiten ein attraktives Aussehen, und ihr Pflegeaufwand ist relativ gering. Geschnittene Hecken (zum Beispiel Hainbuche, Eibe und Liguster) benötigen dagegen weniger Platz. Je nach Pflanzenart muß man mit einer Breite bis zu einem Meter rechnen. Sie wirken strenger und architektonisch. Höhe und Breite reguliert man mit der Heckenschere, was ein- bis zweimal im Jahr sein muß.

Aufwendiger und teurer ist eine Einfriedigung aus Mauern, Zäunen oder Gittern. Sie muß zum Stil des Hauses passen und in Größe und Proportionen der Gartenfläche angemessen sein. Als Faustregel gilt hier: Je kleiner die Vorgartenfläche ist, desto niedriger sollte die Abgrenzung gewählt werden.

Entscheidet man sich für Mauern oder Zäune (Holz, Metall, Draht), so sollte man Pflanzen die Möglichkeit geben, diese zu erobern, um eine gewachsene Einheit von Vorgartenfläche und Einfriedigung zu bekommen.

Wo der Platz dies zuläßt, können Mauern und Zäune etwas zurückgesetzt werden, damit eine beidseitige Begrünung erreicht wird. Dadurch wird die strenge, oft abweisende Wirkung der Abgrenzung aufgehoben.

Zäune aus Holz

Jägerzaun, Staketenzaun, Lattenzaun, lamellenartig oder versetzt angeordnet, Palisadenzaun und Flechtzaun. Holz wirkt immer sehr natürlich, aber auch ein wenig rustikal, was nicht zu jedem Haus paßt. Lackierte Holzzäune – meist weiß – wirken elegant, bedeuten aber gleichzeitig einen ziemlich großen Pflegeaufwand.

Zäune aus Draht

Maschendrahtzaun, auch mit Kunststoffummantelung lieferbar. Preiswert, aber nicht sehr schön. Möglichkeit der Berankung, dadurch Schaffung von grünen Wänden auf kleinem Raum. Dazu passend werden Tore in verschiedenen Größen angeboten.

Stahlmattenzaun

Eine etwas teurere, optisch aber schönere Alternative zum Maschendrahtzaun. Selbstverständlich gibt es auch hierbei die unterschiedlichsten Höhen und mehrere Maschenweiten. Die Grundausstattung ist feuerverzinkt, eine Lackierung in Form einer Pulverbeschichtung in allen RAL-Farben ist gegen Aufpreis möglich. Auch hier gibt es Tore und Toranlagen in allen Größen.

Zäune aus Metall

Gitterzäune aus verzinktem Stahl oder Schmiedeeisen. Individuelle Anfertigung nach Planung durch den Architekten oder Landschaftsarchitekten vom Metallbauer oder Schlosser.

An alten Häusern schaffen schmiedeeiserne Tore, Zäune und Gitter als Einfriedigung eine anheimelnde Atmosphäre. Besonders wenn sie auf der Südseite von Kletterrosen umrankt werden und dann einen grazilen und verträumten Rahmen des Vorgartens bilden.

Mauern

Mauern als Scheiben oder Mauerpfosten in Verbindung mit Gittern können zusammen mit dem Haus ein geschlossenes Bild ergeben. Je nach Höhe wirken sie aber auch schnell mehr oder weniger abweisend. In welcher Höhe man sie überhaupt errichten darf, ist beim Bauamt zu erfragen. Auch hier gilt: Je kleiner der Vorgarten, desto niedriger die Abgrenzung.

47   Regional typische
Bruchsteinmauer in den
Cotswolds, England

Bei der Auswahl von Form, Material und Höhe
der Abgrenzung ist es ratsam, ein wenig auch
die Nachbarschaft im Auge zu behalten und sich
– ohne deshalb auf eine individuelle Gestaltung
zu verzichten – ihr anzupassen.

Erdwälle

Bepflanzte Erdwälle können – allerdings nur in
sehr großen Anlagen – als Einfriedigung dienen
und einen natürlichen Sicht- und Lärmschutz
bieten. Wer als Hausbesitzer Überlegungen in
dieser Richtung anstellt, sollte den Fachmann,
einen Landschaftsarchitekten, mit der Planung
beauftragen.

Verzicht auf eine Einfriedigung

Vielerorts ist es gar nicht möglich oder nicht
gestattet, eine Abgrenzung des Vorgartens zu
errichten. Das muß nicht unbedingt nachteilig
sein. Eine Straße, beidseitig mit Bäumen bepflanzt, in Verbindung mit sich daran anschlie-
ßenden offenen grünen Vorgärten kann einen
großzügigen parkartigen Eindruck vermitteln.

48   Staketenzaun um den
Vorgarten auf dem Land

49 Staketenzaun und
Pforte aus Holzlatten am
ländlichen Vorgarten

50   Holztor, umgeben vom
Rankgerüst als Entree mit
Kletterrose »New Dawn«

51   Zaun und Rankgerüst
als Abgrenzung zum
Nachbarn

52   Ein nostalgischer Zaun
grenzt den ansprechend
gestalteten Vorgarten
zur Straße hin ab.

53   Eingangstor aus weiß
lackiertem Holz an einem
Haus in Norddeutschland

54   Toranlage aus lackiertem Metall vor einem sachlichen Einfamilienhaus

55   Mauerpfosten, Eisengitter und Tor fügen sich gut in den hanseatischen Altbau-Vorgarten ein.

56   Ornamental gestaltetes
und lackiertes Gitter aus
Schmiedeeisen zwischen
Mauerpfosten

57   Schmiedeeisernes Tor
vor einem Garten mit vielen
Pflanztrögen an einer Villa
im Veneto, Italien

58 Bruchsteinmauer, die von Pflanzen beidseitig eingerahmt wird.

59 Rosenbogen als Entree

60 Als Lärmschutz wurde
eine hohe Klinkermauer um
den Vorgarten errichtet.
Niedrige, bepflanzte Bank-
beete mildern die abwei-
sende Wirkung der Mauer.

61 Treppen und Stütz-
mauern sind die notwen-
dige, oft teure Konsequenz
bei Häusern am Hang. Da-
durch bekommen solche
Vorgärten aber auch ihren
besonderen Reiz.

Lage des Hauseinganges

Bei kleinen Vorgärten empfiehlt sich ein direkter Zugang zum Haus. In größeren Anlagen kann ein geschwungener Weg zum Haus führen. In die Biegungen lassen sich dann kleinere Bäume oder auch Gehölze setzen, die den Vorgarten gliedern und den Weg von der Straße zum Haus erlebnisreicher machen. Vor dem Hauseingang sollte sich der Weg platzartig erweitern, damit auch einmal mehrere Personen dort stehen können.

62   Eine große Plattenfläche und Blumen in Kästen empfangen den Besucher.

63   Blumenrabatten begleiten den Weg zum Hausein-
gang. Wichtig für jedes
Haus ist eine schön gestal-
tete Eingangstür, die dem
Haus Charakter gibt.

64   In Bögen verlegtes
Porphyrpflaster führt zum
Hauseingang.

65   Ein Spalier, eine kleine
Sitzbank und ein abwechs-
lungsreiches Pflaster geben
dem Vorgarten eines Rei-
henhauses seine Individualität.

66   Bauernpflaster, Wilder
Wein, ein Pflanztrog und
eine einfache Bank vor
einem modernen Einfami-
lienhaus

67   Kleiner Sitzplatz vor
einem farbenfrohen Haus-
eingang

68   Die Holztür und der Fensterladen geben mit dem Holzstoß und den Terrakottafliesen diesem modernen Reihenhaus einen ländlichen Charakter.

69   Die Pergola akzentuiert den Hauseingang in einem Reihenhausvorgarten.

Garagenzufahrt

Der Standort der Garage hat auf die Gestaltung des Vorgartens einen erheblichen Einfluß, da die Zufahrt in ihrer Länge und Breite sich unter Umständen sehr dominierend auswirkt.

Ob diese Zufahrt völlig befestigt sein muß oder nur die Fahrspuren, hängt natürlich vom Gestaltungswillen jedes einzelnen ab. Grundsätzlich sollte aber aus ökologischen Gründen möglichst wenig Fläche versiegelt werden.

Lange Zufahrten lassen sich durch quer zur Fahrtrichtung verlegte Platten-, Pflaster- oder Klinkerstreifen optisch gliedern und verkürzen.

Je nach Standort der Garage können Zufahrt und Hauseingangsweg zusammengelegt werden.

70   Ein Siedlungshaus nach der vollständigen Umgestaltung. Der Vorgarten wird hier gleichzeitig als Hausgarten genutzt.

71 Die »Architektur« des Baumes beherrscht den Raum zwischen Straße und Haus.

72 Die einfache Gestaltung des Vorgartens steht im bewußten Gegensatz zur Architektur des Hauses.

73 Ein schön gestaltetes Garagentor aus Holz paßt gut mit Pflastersteinen und Stauden zusammen.

FAHRRAD UND AUTO

Ebenso wie die Mülltonne kann auch der Stellplatz für Fahrräder durch Hecken, Rankgerüste oder auch Pergolen eingegrünt werden. Weil das Auto soviel Raum einnimmt, wird es da schon schwieriger. Oft wird die Garage aus Bequemlichkeit nicht genutzt, das Auto steht davor. Vielfach ist auch dieser Platz bereits vom Zweitwagen belegt.

Um diesen Stellplatz optisch aufzuwerten, kann man ihn als »Carport« ausbilden. Mit einer Pergola überbaut, bietet er einen definierten Platz für das Auto, der dann auch genutzt wird. Durch eine Begrünung des Carports erreicht man eine vernünftige Eingliederung in das Vorgartenbild, und das Auto tritt nicht mehr vorrangig in Erscheinung.

Die Stellfläche mit ihrem begrünten Pergola-Dach kann, wenn sie nicht vom Auto belegt ist, als zusätzliche hausnahe Spielfläche im eingefriedeten Vorgarten dienen.

Ist die Fläche plattiert, muß sie auf dem Grundstück in einen Hofeinlauf oder eine Rinne mit Benzinabscheider entwässert werden, damit kein Benzin oder gar Öl ins Grundwasser gerät.

74   Eigenwillig gestalteter Fahrradständer aus Holz

75   Durch die Verwendung des gleichen Materials Holz fügt sich der Carport gut in das Gesamtbild ein.

MÜLL

Gerade weil dieses nicht sehr erfreuliche »Möbelstück« ein notwendiges Übel darstellt, muß man sich bei der Planung des Standortes für die Mülltonne, den Müllschrank oder den Müllcontainer einige Gedanken machen. Immer wieder sieht man, besonders in kleinen Vorgärten, wie unüberlegt diese Einrichtungen irgendwo abgestellt werden. Oft sogar direkt neben dem Hauseingang, was zwar praktisch sein mag, aber nun wirklich nicht schön aussieht und an heißen Tagen zusätzlich eine Geruchsbelästigung darstellt.

Welche Möglichkeiten der Unterbringung von Mülltonnen gibt es nun?

1. Bei dem Neu- oder Umbau eines Hauses läßt sich die Mülltonne unter Umständen in die Fassade einbauen. Diese Möglichkeit sollte man schon zu Beginn der Planung mit dem Hochbauarchitekten diskutieren.
2. Bei einer Einfriedigung des Vorgartens mit Mauer oder Zaun kann die Mülltonne darin integriert werden. Öffnung beidseitig, das heißt Einfüllung von der Vorgartenseite, Entnahme durch die Müllabfuhr von der Straßenseite.
3. Freie Aufstellung der Mülltonne, eines Müllschrankes oder Müllcontainers im Vorgartenbereich. Dies ist natürlich optisch die unschönste Art der Unterbringung. Deshalb muß man versuchen, ihren Anblick zu kaschieren:

Mülltonne

– Da, wo die Mülltonnen noch klein und handlich sind, kann man sie in einem Betonring in den Boden einlassen. Vorteil: Die Mülltonne ist von der Bildfläche verschwunden. Nachteil: Unbequemes Einfüllen des Mülls und umständliche Entnahme der Mülltonne.
– Dreiseitige Verkleidung der Mülltonne mit immergrüner Hecke (Liguster oder Eibe), Holzpalisaden oder Mauer (Naturstein, Kalksandstein geschlämmt, Klinker).
– Verkleidung der Mülltonne mit einem Rankgerüst aus Holz oder Metall. Dadurch auch kein

76   Holzlattenzaun, Toranlage und Müllschrank aus Klinker ergänzen sich mit dem Ziegelpflaster zu einer Einheit.

Einblick von oben. Verwendung immergrüner Rankpflanzen, weil sonst von November bis März, das sind immerhin fünf Monate, der optische Effekt nicht vorhanden ist.
Zum Beispiel: Efeu, Kletterspindel, immergrüne Geißschlinge.

Müllschrank

– Begrünung mit selbstklimmenden Rankpflanzen wie zum Beispiel Efeu, Wilder Wein, Kletterhortensie.
– Umrahmung mit Heckenpflanzen wie zum Beispiel Liguster, Eibe, Hainbuche oder Feuerdorn.

Müllcontainer

– Umrahmung mit Hecke, siehe oben.
– Verkleidung mit Rankgerüst, siehe oben.
– Für größere Anlagen, zum Beispiel an Mehrfamilienhäusern, bieten verschiedene Firmen Müllcontainer-Kassetten in der Kombination aus Beton mit Holz an. Diese lassen sich dann beranken.
– Beim Müllcontainer kann eine individuelle Planung durch den Hochbauarchitekt oder Landschaftsarchitekt vorgenommen werden.

78 Hausbriefkasten mit
einem größeren Fach für
Zeitschriften, geschützt
unter einem Vordach

BRIEFKASTEN

Seine Anbringung am Haus oder sein Einbau in die Haustüre ist das einfachste. Wer den Briefträger »außen vor« lassen will, bringt den Kasten am Gartentor an.

Wo Mauer oder Zaun den Vorgarten einfrieden, läßt er sich darin integrieren, zum Beispiel in der Kombination mit Sprechanlage, Namensschild und Klingel. Dabei läßt sich der Einbau so vornehmen, daß die Post problemlos von der Innenseite entnommen wird. Bei Vorgärten ohne Einfriedigung bietet der Markt verschiedene freistehende Briefkästen oder Briefkasten-Anlagen an. Auch hier in der Kombination mit Sprechanlage usw. Eine amerikanische »mailbox« aus Blech kann auch bei uns einen lustigen Akzent im Vorgarten setzen.

77 Eine zweiseitige Kombination von Briefkasten, Klingel, Leuchte fürs Doppelhaus

79 Freistehende Briefkastenanlage mit Leuchte, Sprechanlage, Klingel und Namensschild in Verbindung mit einem Rankspalier am Rande des Vorgartens

BELEUCHTUNG

Mehr noch als im Garten spielt die Beleuchtung im Vorgarten eine besonders wichtige Rolle. Damit man auch bei Dunkelheit sicher den Weg von der Straße zum Haus findet, ist Licht im Vorgarten unerläßlich.

Neben diesem funktionalen Aspekt verbreitet gut geplantes Licht – ähnlich wie im Innenraum – in den Abendstunden eine besondere Atmosphäre. Mal kann es die Ansehnlichkeit eines Hauses steigern oder es besonders gemütlich und heimelig aussehen lassen. Darum sollte man schon bei der Planung genau überlegen, wo und wieviel Licht im Vorgarten gebraucht wird.

Bei kleinen Vorgärten – zum Beispiel am Reihenhaus – genügt vielleicht schon eine Außenleuchte am Hauseingang. Freistehende Einfamilienhäuser oder Villen mit entsprechend großem Raum zwischen Straße und Haus benötigen da schon mehr: Licht am Hauseingang und am Eingangstor, möglicherweise Wegeleuchten und Licht an der Garage.

Wichtig ist, daß die Leitungen für Außenleuchten nur vom Fachmann, dem Elektriker, verlegt werden. Die Spezialkabel müssen in frostfreier Tiefe liegen, das heißt 60–80 Zentimeter tief. Wo das nicht geht, müssen die Leitungen mit Kabelabdeckplatten oder Abdeckhauben aus Kunststoff als Schutz gegen mechanische Beschädigung – zum Beispiel mit Gartengeräten – abgedeckt werden. In dem Kabelgraben vom Haus zur Straße lassen sich – wo das notwendig ist – auch die Leitungen für Klingel, Sprechanlage, Türöffner etc. unterbringen.

Die Leuchten selbst müssen wetterfest und stabil sein. Freistehende Gartenleuchten werden entweder in ein Betonfundament eingelassen oder auf eine Fundamentplatte aufgeschraubt. Auch die Montage der Außenleuchten sollte der Fachmann ausführen. Das Angebot an Außenleuchten ist riesig – von der antiken Laterne bis zur High-Tech-Leuchte. Für welche man sich auch entscheidet, keinesfalls dürfen die Außenleuchten eine Hauptrolle in der Vorgartengestaltung spielen, vielmehr müssen sie sich ihr unterordnen. Wie oft sieht man in winzigen Vorgärten einen mehrarmigen Kandelaber »Modell Place de la Concorde«: das wirkt einfach lächerlich.

Die Technik erlaubt auch bei der Außenbeleuchtung einige Bequemlichkeiten. So läßt sich zum Beispiel ein »Dämmerungsschalter« einbauen. Dabei geht das Licht automatisch bei Einbruch der Dämmerung an und schaltet sich bei Tagesanbruch selbständig wieder aus.

Weiterhin werden auf dem Markt sogenannte »Bewegungsmelder« angeboten. Hierbei schaltet sich das Licht automatisch ein, sobald man in eine Lichtschranke beziehungsweise in den Einfallwinkel des Bewegungsmelders tritt. Nach einer gewissen Zeitspanne, die sich natürlich auch einstellen läßt, geht das Licht wieder aus. Solche Bewegungsmelder lassen sich überall einbauen. Durch ihren automatischen »Überraschungseffekt« sind sie zusätzlich ein wirksames Abschreckungsmittel gegen unerwünschte Besucher. Ganz Verwöhnte können sich Infrarotschalter einbauen lassen, wobei mittels eines Handsenders – zum Beispiel vom Auto aus – das Licht an- und ausgeschaltet wird. Ähnlich werden heute vielfach Garagentore geöffnet und geschlossen.

80   Licht bestimmt in der
Dunkelheit die Atmosphäre
am Hauseingang.

Seite 54:

81   Pollerleuchte mit Glas-
kuppel

82   Glaskugelleuchte als
Lichtpunkt im Garten. Fällt
tagsüber wenig auf.

83   Originelle Kugelleuch-
ten auf verschieden hohen
Masten

84   Blendfreie Pollerleuchte
in der Pflanzung

85   Sockelleuchte am über-
dachten Hauseinang

86   Sachliche Standleuchte
am Hauseinang mit nach
unten gerichtetem Licht zur
Ausleuchtung der Treppe

BEPFLANZUNG

Allgemeingültige Tips für die Bepflanzung eines Vorgartens zu geben, ist überaus schwierig. Die Auswahl der zur Verfügung stehenden Pflanzen ist riesengroß, und natürlich spielen die persönlichen Vorlieben und Abneigungen der Gartenbesitzer für oder gegen einzelne Pflanzen eine Rolle. Klima-, Licht- und Bodenverhältnisse sind zu berücksichtigen. Bevor man an die Planung der Bepflanzung geht, sollte man sich folgende Fragen stellen:

87 Reizvolles, immergrünes Entree mit Frühjahrsblühern

1. Welcher Haustyp liegt vor?
2. Wie groß ist die Vorgartenfläche? Davon ist zum Beispiel abhängig, wie groß Bäume oder Gehölze im Vorgarten werden dürfen und ob die Anlage einer Rasenfläche oder Blumenwiese überhaupt lohnt.
3. Liegt der Vorgarten in der vollen Sonne, im Halbschatten oder ganz im Schatten? Da jede Pflanze in dieser Hinsicht besondere Ansprüche an den Standort stellt, hat die Belichtung auf die Pflanzenauswahl großen Einfluß.
4. Welches Pflanzenthema will ich durchspielen und wie hoch darf der Pflegeaufwand sein? Pflanzenthema in voller Sonne zum Beispiel:

89 Rhododendren im lichten Schatten passen gut zum Haus aus der Zeit der Jahrhundertwende. ▷

Rosen in Rosa (»The Fairy«) mit Stauden wie Katzenminze (Nepeta faassenii) oder Lavendel (Lavandula angustifolia »Hidcote Blue«) und Glockenblumen in Weiß und Blau (Campanula persicifolia). Dazu als immergrüner Kontrast Buchsbaumkugeln. Als in Form geschnittene Hecke paßt zu diesem Pflanzenthema die Hainbuche (Carpinus betulus).

Pflanzenthema im Halbschatten zum Beispiel: Hortensien in Verbindung mit immergrünen Farnen, Funkien und Herbstanemonen. Felsenbirne (Amelanchier laevis) als Großgehölz und Efeu zur Fassadenbegrünung.

Viele gute Baumschul- und Staudenkataloge geben an, welche Pflanzen auf Grund ihrer Herkunft, Größe und Form, Blütenfarbe und Blütezeit zusammenpassen. Denn nur die richtigen Pflanzengemeinschaften werden sich harmonisch entwickeln und dann ganz selbstverständlich ein ausgewogenes Gartenbild ergeben.

88 Architektonisch geschnittene Hecken und Säulen aus Eibe bilden einen bewußten Gegensatz zu der umgebenden Baumkulisse.

90   Zum Torbogen ge-
schnittene Hainbuchen-
hecke im Herbst. Links und
rechts vom Eingang zwei
Blaublattfunkien

92   Die geschnittenen Hek-
ken und die originellen
Buchsbaumvögel setzen die
Symmetrie des Hauses im
Garten fort.

◁ 91   Alte, weiß blühende
Rhododendren begrenzen
die Auffahrt.

93   Verschiedene Strauch-
rosen überspielen den
Höhenunterschied zwischen
Straße und Hauseingang.

Pflanzenliste

Hier ist eine kleine Auswahl von Pflanzen aufge-
führt, die sich für die Vorgartenbepflanzung klei-
nerer und mittlerer Größe eignen und bewährt
haben.

Laubbäume (kleinkronig) / baumartige Sträucher

Sonniger Standort:

Apfeldorn (Crataegus »Carrierei«)
Blumenesche (Fraxinus ornus)
Großblumige Sternmagnolie (Magnolia x loeb-
neri)
Tulpenmagnolie (Magnolia x soulangiana)
Zierapfel (Malus floribunda)
Scharlach-Kirsche (Prunus sargentii)
Rosa Winter-Kirsche (Prunus subhirtella
»Autumnalis«)
Eberesche (Sorbus aucuparia)

Halbschattiger/schattiger Standort:

Feldahorn (Acer campestre)
Feuer-Ahorn (Acer ginnala)
Felsenbirne (Amelanchier laevis oder
A. lamarckii)
Etagen-Hartriegel (Cornus controversa)
Blumenhartriegel (Cornus florida)

Nadelbäume

Sonniger oder schattiger Standort:
Eibe (Taxus baccata)
Hemlockstanne (Tsuga canadensis)

Laubgehölze

Sonniger Standort:

Buchsbaum (Buxus sempervirens »Handswor-
thiensis«) immergrün
Bartblume (Caryopteris »Arthur Simmonds«)
Scheinquitte (Chaenomeles lagenaria)
Hartriegel (Cornus alba in Sorten)
Roter Perückenstrauch (Cotinus coggygria
»Royal Purple«)

Prachtglocke (Enkianthus campanulatus)
Korkflügelspindelstrauch (Euonymus alatus)
Zaubernuß (Hamamelis in Sorten)
Kolkwitzie (Kolkwitzia amabilis)
Gartenjasmin (Philadelphus in Sorten)
Spierstrauch (Spirea in Sorten)
Flieder (Syringa in Sorten)
Schneeball (Viburnum in Sorten)
Weigelie (Weigela in Sorten)

Halbschattiger/schattiger Standort:

Aukuba (Aucuba japonica) immergrün
Buchsbaum (Buxus sempervirens »Handswor-
thiensis«) immergrün
Pfaffenhütchen (Euonymus planipes)
Hortensie (Hydrangea in Sorten)
Berg-Ilex (Ilex crenata) immergrün
Lorbeerkrüglein (Leucothoe catesbei) immer-
grün
Heckenkirsche (Lonicera morrowii)
Mahonie (Mahonia aquifolium) immergrün
Lavendelheide (Pieris floribunda und
P. japonica) immergrün
Lorbeerkirsche (Prunus laurocerasus in Sorten)
immergrün
Rhododendron (Rhododendron in Sorten)
immergrün
Skimmie (Skimmia japonica) immergrün
Purpurbeere (Symphoricarpus chenaultii)
Oster-Schneeball (Viburnum burkwoodii) halb-
immergrün
Schneeball (Viburnum »Pragense«) immergrün

Nadelgehölze

Sonniger Standort:
Berg-Kiefer (Pinus mugo)
Silber-Kiefer (Pinus sylvestris »Waterer«)

Halbschattiger/schattiger Standort:
Kugel-Eibe (Taxus baccata »Overeynderi«)
Becher-Eibe (Taxus »Hicksii«)

94   Säulenreihen markieren
den Weg zum Haus und set-
zen vertikale Akzente im
Vorgarten.

Heckenpflanzen

60–100 cm:

Buchsbaum (Buxus sempervirens »Suffruti-
cosa«) immergrün / Sonne und Schatten
Scheinquitte (Chaenomeles japonica) Sonne
Ilex (Ilex crenata) immergrün / Halbschatten
Liguster (Ligustrum vulgare »Lodense«) halb-
immergrün / Sonne und Schatten
Fingerkraut (Potentilla fruticosa »Hachmanns
Gigant«) Sonne
Lorbeerkirsche (Prunus laurocerasus »Otto
Luyken«) immergrün / Halbschatten
Feuerdorn (Pyracantha »Red Column«) immer-
grün / Sonne
100–200 cm:

Buchsbaum (Buxus sempervirens) immergrün /
Sonne und Schatten
Hainbuche (Carpinus betulus) Sonne
Weiß-Dorn (Crataegus monogyna) Sonne
Ilex (Ilex aquifolium »Alaska«) immergrün / Halb-
schatten
Liguster (Ligustrum vulgare »Atrovirens«) halb-
immergrün / Sonne und Schatten
Lorbeerkirsche (Prunus laurocerasus
»Herbergii«) immergrün / Halbschatten
Feuerdorn (Pyracantha »Bad Zwischenahn«)
immergrün / Sonne
Eibe (Taxus baccata) immergrün / Sonne und
Schatten

Kletter- und Schlingpflanzen

Sonniger Standort:

Waldrebe (Clematis in Sorten) Fuß schattieren
Wilder Wein (Parthenocissus in Sorten)
Kletterrosen (zum Beispiel »New Dawn« rosa)
Blauregen (Wisteria sinensis)

Halbschattiger/schattiger Standort:

Pfeifenwinde (Aristolochia macrophylla)
Efeu (Hedera helix hibernica) immergrün
Kletterhortensie (Hydrangea petiolaris)
Jelängerjelieber (Lonicera caprifolium)

Rosen

Öfterblühende Strauchrosen:

»Danaë«, elfenbeinfarbig, leicht gefüllt, 100 cm
»Erfurt«, rosenrot, halbgefüllt, 80–100 cm, breit-
wachsend
»Friesensonne«, zitronengelb, gefüllt, 100 cm
»Moonlight«, gelb-weiß, einfach, 120 cm
»Mutabilis«, kupferfarben, einfach, 100 cm
»Schneewittchen«, weiß, gefüllt, 100 cm
»Silberlachs«, silbrig-lachsrosa, halbgefüllt,
100 cm

Öfterblühende Beetrosen:

»Apricot Nectar«, aprikosenfarbig, gefüllt,
60 cm
»Duftwunder«, lachsfarben, gefüllt, 50 cm
»Goldilocks«, hellgelb, halbgefüllt, 60 cm
»Lilly Marleen«, dunkelrot, gefüllt, 50 cm
»The Fairy«, zartrosa, klein gefüllt, 80 cm

Bodendeckende Rosen:

»Heideröslein Nozomi«, rosa, halbgefüllt
»Max Graf«, hellrosa, einfach
»Rote Max Graf« leuchtendrot, einfach
»Swany«, weiß, klein gefüllt

Bodendecker

Sonniger Standort:

Besenheide (Calluna vulgaris in Sorten) immer-
grün
Zwergmispel (Cotoneaster dammeri »Jürgl«)
immergrün
Storchschnabel (Geranium in Sorten)
Heide-Wacholder (Juniperus communis
»Repanda«) immergrün
Fingerkraut (Potentilla var. mandshurica)

Halbschattiger/schattiger Standort:

Japan-Segge (Carex morrwii »Variegata«)
immergrün
Elfenblume (Epimedium pinnatum »Elegans«)
wintergrün
Storchschnabel (Geranium macr. »Ingwersen«)
wintergrün
Efeu (Hedera helix) immergrün

95 Immergrüner Farn
(Polystichum setiferum) als
Wegbegleiter im lichten
Schatten

Johanniskraut (Hypericum calycinum) winter-
grün
Dickanthere (Pachysandra terminalis) immer-
grün
Immergrün (Vinca minor blau und Vinca minor
»Alba« weiß) immergrün
Waldsteinie (Waldsteinia ternata) wintergrün

Stauden

Sonniger Standort:
Schafgarbe (Achillea Hybride »Coronation
Gold«)
Frauenmantel (Alchemilla mollis) auch im Halb-
schatten
Staudenimmortelle (Anaphalis margaritacea)
Herbstanemone (Anemone japonica in Sorten)
auch im Halbschatten
Glockenblume (Campanula persicifolia)
Storchschnabel (Geranium in Sorten)
Schwertlilie (Iris in Sorten)
Lavendel (Lavandula ang. »Hidcote Blue«)
Lein (Linum narbonense)
Katzenminze (Nepeta faassenii)
Bartfaden (Penstemon in Sorten)
Fingerkraut (Potentilla in Sorten)
Sonnenhut (Rudbeckia in Sorten)
Salbei (Salvia nemerosa »Ostfriesland«)
Skabiose (Scabiosa caucasica in Sorten)
Wiesenraute (Thalictrum aquilegifolium)
Königskerze (Verbascum nigrum)
Ehrenpreis (Veronica incana)

Halbschattiger/schattiger Standort:
Geißbart (Aruncus dioicus)
Prachtspiere (Astilbe in Sorten)
Glockenblume (Campanula latifolia in Sorten)
Silberkerze (Cimicifuga simplex »Armleuchter«)
Herzblume (Dicentra spectabilis »Alba« weiß)
Fingerhut (Digitalis in Sorten)
Fuchsie (Fuchsia magellanica »Gracilis«)
Winterschutz erforderlich
Christrose (Helleborus in Sorten)
Funkie (Hosta in Sorten)
Primel (Primula in Sorten)

Farne

Halbschattiger/schattiger Standort:
Rippenfarn (Blechnum spicant) immergrün,
40 cm
Wurmfarn (Dryopteris filix-mas) 100 cm
Perlfarn (Onoclea sensibilis) 45 cm
Hirschzungenfarn (Phyllitis scolopendrium)
immergrün, 30 cm
Tüpfelfarn (Polypodium vulgare) immergrün,
25 cm
Schildfarn (Polystichum setiferum in Sorten)
immergrün, 50–70 cm

Gräser

Sonniger Standort:
Segge (Carex buchananii) 40 cm
Schwingel (Festuca in Sorten) wintergrün,
15–45 cm
Pfeifengras (Molinia in Sorten) 30–50 cm,
Blütenstände 50–150 cm
Hirse (Panicum virgatum) 70 cm, Blütenstand
100 cm
Federborstengras (Pennisetum in Sorten) 40 cm,
Blütenstände 50–80 cm
Federgras (Stipa in Sorten) 20–50 cm, Blüten-
stände 60–180 cm

*96 Gliederung der Fas-
sade durch Rankspaliere mit
Begrünung*

*97 Die Pfeifenwinde (Ari-
stolochia macrophylla) mit
ihren dekorativen Blättern
als pflanzliche Dominante
an der Fassade eines Mehr-
familienhauses*

Halbschattiger/schattiger Standort:

Segge (Carex in Sorten) 30−60 cm, Blütenstände 20−100 cm

Waldschmiele (Deschampsia cespitosa in Sorten) 20−50 cm, Blütenstände 70−100 cm

Bärenfellgras (Festuca scoparia) immergrün,
15 cm, Blütenstand 25 cm

Hainsimse (Luzula nivea) immergrün, 20 cm,
Blütenstand 40 cm

98   Architektonisches Spiel
mit Pflanzen

99   Buchskugeln (Buxus
sempervirens) als Blickfang
in einer Kiesfläche

100   Vorgarten einmal
anders: viele Kugeln aus
Buchsbaum

101   Vertikale Akzente
durch Pflanzensäulen

102   Lebende Skulpturen
aus Eibe, Great Dixter/Sus-
sex, England

103   Mauerbegrünung mit
Glockenblumen (Campa-
nula) durch Selbstaussaat

104   *Glyzinie als üppig
blühendes Grün vor der
Fassade*

105   Ein ländlicher Vorgarten für Staudenliebhaber

106 Raumgliederung
durch Hecken

PRIVATE

AUSSTATTUNG

Die ganz persönliche Note erhält ein Vorgarten nicht nur durch seine besondere Gestaltung oder ausgewählte Bepflanzung, sondern auch durch bestimmte Ausstattungsgegenstände, die die Blicke des Betrachters auf sich ziehen. Dazu gehört zum Beispiel die Gartenbank vor dem Haus aus Teakholz, Stein oder lackiertem Eisen. Der Hauseingang bekommt einen besonderen Akzent durch wechselnd bepflanzte Terrakotta-Töpfe aus der Toskana. In einer üppigen Pflanzung aus Rosen und Stauden oder Rhododendron und Farnen steht eine alte Tonvase. Am Rand des Weges zum Haus liegt eine Sammlung verschieden großer, alter Steinkugeln, am Ast eines Baumes hängt eine Kugel aus blauem Glas. Den Möglichkeiten sind hier kaum Grenzen auferlegt. Es sollten aber nur Akzente sein, die gesetzt werden, und deshalb ist eine gewisse Zurückhaltung angebracht. Leicht sind die Grenzen des guten Geschmacks erreicht, und der Kitsch macht sich breit. Was man in einer guten Urlaubslaune schön findet und von Reisen nach Hause bringt, wie zum Beispiel die japanische Steinlaterne oder der Marmorlöwe aus Italien, paßt noch lange nicht in den heimischen Vorgarten.

Einen besonderen Reiz kann die Aufstellung einer Skulptur oder eines modernen Kunstobjektes im Vorgarten haben. Der Platz dafür muß besonders sorgfältig ausgesucht werden, nur dann gehen Kunst und Natur eine harmonische Verbindung ein. Entweder spielt das Objekt die Hauptrolle, und Gestaltung und Bepflanzung ordnen sich unter, oder die Kunst paßt sich der Umgebung wie selbstverständlich an. Immer aber wird der Gegensatz von statischer Skulptur und dem bewegten Spiel der Pflanzen eine faszinierende Spannung erzeugen. Wer sich für dieses Thema interessiert, kann sich über die Aufstellung von Kunst im Freiraum in sogenannten »Skulpturenparks« informieren: Kröller-Müller Museum, Otterlo, Niederlande; Louisiana Skulpturen Garten, Humlebaek, Dänemark; Maeght Foundation, St. Paul de Vence, Frankreich.

108 Weißes Holz, roter
Stein, grüne Hecke – ein an-
genehmer Sitzplatz vor der
Tür

109 Die Bank vor der
Mauer nutzt deren wärme-
speichernde Wirkung.

110   Terrakotta-Kugel aus
der Toskana

111   Funkie (Hosta), als
»Mobiles Grün«, mit Steinkugeln kombiniert

112   Gerade im eher klein
bemessenen Vorgarten
kann man mit Terrakotta-
Arbeiten Akzente setzen.

113   Auch unbepflanzt
sind solche Töpfe dekorativ.

114   Nach dem Öffnen der
Pforte – der Brunnen als
Blickfang

115   Kunst am Weg –
eine Plastik des Bildhauers
Ulrich Rückriem

116   Vorbilder für lauschige
Eingänge – Entree eines
Palazzo

117   In englischen Gärten –
Skulpturen als »Eye-cat-
cher«

118   Ein Pflanztrog für
Saisonbepflanzung

119   Ein paar bepflanzte
Kübel schmücken die
asphaltierte Einfahrt. ▽

120   Ein Pflanzkübel aus
Holz mit Bougainvillea am
Hauseingang

121   »Vorgarten« in Vene-
dig; wo kein Boden ist, müssen die Pflanzen die Wände
erobern.

122 Ein Jugendstilbrunnen
verbirgt sich hinter verfärb-
tem Herbstlaub.

RECHT

Pflanzabstände

Damit man mit den lieben Nachbarn keinen Streit bekommt, sollte sich jeder Vorgartenbesitzer vor der Anpflanzung von Bäumen, Hecken und Sträuchern über die Regelungen von Grenzabständen informieren. Stark wachsende Bäume, wie zum Beispiel Eichen und Buchen, dürfen in Nordrhein-Westfalen erst in einem Abstand von 4 m von der Grenze gepflanzt werden. Bei weniger stark wachsenden Bäumen muß der Grenzabstand 2 m betragen. Obstbäume sind von dieser Regelung ausgenommen.

Hecken bis zu 2 m Höhe müssen einen Grenzabstand von 50 cm aufweisen, bei höheren Hecken ist 1 m vorgeschrieben. Stark wachsende Sträucher sind in 1 m Abstand, alle übrigen Ziersträucher in 50 cm Abstand zu pflanzen. Da diese Vorschriften aber nicht bundeseinheitlich geregelt sind, empfiehlt es sich, bei der Gemeinde nachzufragen.

Wurzeln und Zweige

Auch in das Nachbargrundstück eindringende Wurzeln und überhängende Zweige können zu Auseinandersetzungen führen. Nach § 910 BGB dürfen Wurzeln nur abgeschnitten oder beseitigt werden, wenn das Nachbargrundstück in seiner wirtschaftlichen Nutzung beeinträchtigt wird, das heißt, wenn zum Beispiel Wurzeln in das Gemüsebeet ragen. Das in diesem Paragraphen gewährte Selbsthilferecht darf aber nur angewendet werden, wenn keine Baumschutzsatzung oder -verordnung besteht.

Dies gilt auch für den Rückschnitt von überhängenden Zweigen. Hier ist der Nachbar verpflichtet, vor dem eigenhändigen Entfernen überhängender Zweige dem Besitzer des Baumes eine Frist zu setzen.

Laubfall und überfallende Früchte

Zum Problem des Laubfalls gibt es keine wörtlich abgefaßte gesetzliche Regelung. Dies hängt auch mit dem wachsenden Umweltbewußtsein zusammen, da es unter Bäumen und Sträuchern ökologisch viel sinnvoller ist, das Laub einmal liegenzulassen, als es jeden Herbst putzwütig wegzukratzen.

Zu Früchten heißt es im § 911 BGB: »Früchte, die auf das Nachbargrundstück hinüberfallen, gehen in den Besitz des Nachbarn über. Solange sie aber am Baum hängen, gehören sie dem Baumeigentümer, ebenso wenn die Früchte auf öffentlich genutzte Grundstücke zum Beispiel Straßen fallen.«

Baumschutzsatzung/ Baumschutzverordnung

Im Interesse einer grünen humanen Umwelt haben viele Gemeinden die Möglichkeiten der Beseitigung von Bäumen durch entsprechende Baumschutzsatzungen bzw. Baumschutzverordnungen eingeschränkt. So dürfen zum Beispiel im Stadtgebiet von Düsseldorf Bäume mit einem Stammumfang von 80 cm und mehr, in 100 cm über dem Erdboden gemessen, ohne Genehmigung weder entfernt, zerstört oder geschädigt werden. Bedauerlicherweise stehen Obstbäume, mit Ausnahme von Walnußbäumen und Eßkastanien, nicht unter Schutz. Unter bestimmten Voraussetzungen, wie zum Beispiel Erkrankung des Baumes, können Ausnahmen von der Stadtverwaltung gemacht werden.

Bei Verstoß gegen die Baumschutzsatzung kann in Düsseldorf eine Geldbuße bis zu DM 50000,- verhängt werden. Aus diesem Grunde – und weil die Bevölkerung der Beseitigung von Bäumen berechtigterweise sehr sensibel gegenübersteht – ist es ratsam, vor der Entfernung eines Baumes die Erlaubnis bei der Gemeinde (Gartenamt, Umweltamt o. ä.) einzuholen.

HAUSTYPEN
UND IHRE VORGÄRTEN

EINFAMILIENHAUS

In der Gunst der Bundesbürger steht das Einfamilienhaus obenan. Durch die meist freistehende Lage in einem Grundstück kann man um das Haus herumgehen, was dem Wunsch der Besitzer nach Individualität und Distanz zur Nachbarschaft zweifellos entgegenkommt. Die Individualität wird durch die Architektur des Hauses mit ihren Formen, Materialien und Farben unterstützt. Besonders bei dieser Wohnform dient der Vorgarten als Pufferzone zwischen Straße und Haus.

Größe und Form des Vorgartens sind beim freistehenden Einfamilienhaus sehr unterschiedlich. Deshalb sind den Gestaltungsmöglichkeiten und Ideen kaum Grenzen gesetzt. Da der Vorgarten aber auch hier ein wesentlicher Teil des Stadtgrüns ist und das Straßenbild mitbestimmt, sollte man sich vor zuviel Eigenwilligkeit hüten und auf eine gewisse »Ensemblewirkung« mit der Nachbarschaft Rücksicht nehmen.

Auf die Art der Unterbringung von Mülltonnen wurde schon ausführlich eingegangen.

Wo man nun die Mülltonne(n) aufstellt, hängt in erster Linie von der Form des Vorgartens und der Lage der Zugangswege ab. Die Hausbewohner bevorzugen den kurzen Weg vom Haus, die Müllabfuhr sieht die Aufstellung am liebsten am Straßenrand. Bei allem Anspruch an die Praktikabilität sollten die Mülltonnen oder die Müllbox so unauffällig wie möglich in die Vorgartengestaltung integriert werden und nicht wie ein Denkmal plaziert sein. Wo Einfriedigungen in Form von Mauern oder Sichtschutzzäunen bestehen, läßt sich eine Müllbox sogar einbauen. Ob und in welcher Art und Höhe Einfriedigungen in Form von Mauern, Zäunen und Toranlagen erlaubt sind, wird oft schon im Bebauungsplan geregelt. Darum ist es wichtig, sich vorher genau bei der Gemeinde zu informieren. Wo keinerlei Abgrenzung zwischen Straße und Vorgarten vorgesehen ist, lassen sich durchaus schöne und großzügige Anlagen realisieren, die den villenartigen Charakter eines freistehenden Einfamilienhauses unterstützen.

123 *Streng architektonische Abschirmung des Vorgartens*

124, 125 Die Vorgarten-
gestaltung nimmt Elemente
der Hochbauarchitektur auf.
Asphalt und Pflaster rastern
die Fläche vor dem Haus.

126   Der Hauszugang be-
herrscht die Gestaltung des
Vorgartens.

127   Gleicher Klinker für
Fassade und Treppe

128–130 Die strenge und
schlichte Gestaltung des
Vorgartens ordnet sich der
recht aufwendigen Architektur des Hauses unter.

131   Geschlossene Vor-
gartengestaltung durch eine
berankte Mauer

132   Die formale Gestal-
tung und das Grün ergeben
eine Einheit.

*133   Großzügig gestalteter
Hauseingang mit Garagen-
zufahrt. Im Gegensatz dazu
schirmt die Mauer den privaten Bereich ab.*

*134   Ohne Hausbaum sähe
es hier trostlos aus.*

*135   Der strenge Vorgarten
der italienischen Designer
Afra und Tobia Scarpa*

*136, 137   Formale Ein-
gangsgestaltung mit ge-
schnittenen Eibenkugeln ▷*

138 Zeitgenössische Architektur verlangt auch eine eigenständige Vorgartenplanung.

139 Eine Magnolie als
adäquates pflanzliches Element am Jugendstilhaus

140 Kugelbäume unter-
streichen die symmetrische
Anlage der Architektur.

141 Wo das Klima es zu-
läßt, wird der Vorgarten zum
Zimmer.

142   Grüner Rahmen für
        eine Villa

143   Fassadengrün und
eine schattenspendende
Pergolaberankung – die Be-
sonderheit venezianischer
Vorgärten

144   Bungalow-Garten mit
Sanddorn (Hipophae rham-
noides) als Hausbaum

145   Starke Eingrünung
des Hauses mit tieferliegen-
der Garageneinfahrt durch
Rhododendron, mit einem
Schnurbaum (Sophora japo-
nica) als Hausbaum

146 Die beherrschende
Architektur fordert eine
zurückhaltende Vorgarten-
gestaltung.

147 Hinter der begrünten
Rankhilfe verbirgt sich ein
Sitzplatz, Platten mit breiten
Rasenfugen führen zum
Hauseinang.

◁ 148 Rhododendren am
Haus um die Jahrhundert-
wende

149 Einheitliche Gestal-
tung des Hauses und der
Einfriedigung

150   Der architektonisch angelegte Vorgarten erfüllt hier alle Funktionen eines Hausgartens.

151   Vor Wind und Blicken geschützter Sitzplatz, gleich neben der Hauseinfahrt

152   Abgeschirmter Vor-
garten, als Atrium mit Sitz-
bank und Kübelpflanzen
gestaltet (Agapanthus und
Datura)

153   Holz als natürlicher Baustoff harmoniert gut mit Pflanzen.

154   Stauden und Gehölze begleiten den Weg zum Hauseingang.

155 Großzügige Gestal-
tung mit immergrünen Bo-
dendeckern (Pachysandra
terminalis »Green carpet«)

156 Mauer und Zaun frie-
den den Vorgarten ein, ohne
ihn vollständig abzuschir-
men.

157 Baumgruppen bewir-
ken das Spiel von Licht und
Schatten auf dem Weg zum
Haus.

158   *Waldartiger Vorgarten*
mit Kiefern, Rhododendron
und Hainsimse

159   Großpflaster und Holz geben hier den Ton an.

160   Pflaster- und Platten- streifen gliedern den Weg zum Haus.

161   Farbenspiel in Blau
und Weiß: Steppenlilie, Iris
und Glockenblume

162   Die berankte Gitter-
leuchte am Rand der
teppichartigen Boden-
bepflanzung setzt hier den
Akzent.

163   Stadthaus und
»Vorgarten«

REIHENHAUS

Als Beispiel verdichteter Bauweise hat sich das Reihenhaus im Siedlungs- und Städtebau seit langem bewährt. In England wurde das Reihenhaus, hervorgerufen durch die dort sehr früh einsetzende Industrialisierung, zum Standardtyp der Arbeitersiedlungen.

Später erscheint es in der Planung von Vorortsiedlungen oder im Zeilenbau auch auf dem Kontinent. Es nimmt eine Zwischenstellung zwischen den freistehenden Einfamilienhäusern und den städtischen Mietshäusern ein.

In der Vergangenheit war die Architektur von Reihenhausanlagen oft sehr eintönig, bedingt durch Rationalisierung und Typisierung. Um dem entgegenzuwirken, sahen sich die Bewohner dann genötigt, durch eine individuelle Vorgartengestaltung und -bepflanzung sich von den einzelnen Nachbarn abzusetzen, was dann geradezu lächerlich wirkte.

Heute bemühen sich die Architekten, die Monotonie von Reihenhäusern und Reihenhaussiedlungen durch eine differenziertere Gestaltung aufzulockern. Nach wie vor ergeben sich aber durch die kleinen, schmalen und gleichförmigen Parzellen Probleme, den Vorgarten eines Reihenhauses atmosphärisch zu gestalten. Grundsätzlich begrüßenswert wäre die Aufstellung eines Gesamtkonzeptes für die Vorgärten schon bei der Planung einer Reihenhausanlage durch einen Landschaftsarchitekten. Nur so kann eine harmonische Gestaltung von privaten Grünflächen vor dem Haus und dem öffentlichen Straßenraum erreicht werden. Allein schon die Auswahl geeigneter Bäume als Leitpflanzen und als tragendes Element der Anlage erfordert den Fachmann. Leider wird dies aber auch in Zukunft wohl die Ausnahme bleiben, so daß der Reihenhausbesitzer auf sich selbst gestellt ist.

Besonders beim Reihenhaus ist man auf eine gute Nachbarschaft angewiesen. Warum sich also nicht mit dem Nachbarn oder sogar beiden Nachbarn zusammensetzen und ein gemeinsames Konzept für die Vorgärten entwickeln? Das kann schon bei der Bestimmung des Standortes von Einzelbäumen beginnen, für die viele Vor-

164 Einheitliche Zaungestaltung an einer Reihenhaussiedlung mit individueller Bepflanzung

*165   Abgrenzung zum
Nachbarn durch Pflanz-
flächen*

gärten einfach zu klein sind. Auf die Grund-
stücksgrenze zwischen den Parzellen gesetzt,
ist es schon eher möglich. Das dürfen natürlich
auf keinen Fall großkronige Bäume wie zum Beispiel Eiche und Buche oder gar Atlaszeder sein.
Es gibt aber eine ganze Reihe kleinkroniger
Bäume wie Zierkirsche oder -apfel, Magnolie,
verschiedene Dorne oder Kugelbäume, die hier
Verwendung finden können, ohne den einzelnen
Vorgarten zu beherrschen. Gemeinsame Überlegungen mit den Nachbarn können auch zu
gleichen Wegematerialien führen. Darunter muß
die Individualität des einzelnen Vorgartens nicht
leiden, denn allein schon durch eine unterschiedliche Verlegeart wird ein anderes Bild erreicht.
Auch die weitere Bepflanzung und Unterpflan-
zung ist durchaus individuell zu lösen und kann
dem Reiheneigenheim eine persönliche Note
verleihen. Man sollte sich aber nicht dazu hinrei-
ßen lassen, alles, was man in der Baumschule
oder dem Gartencenter schön findet, im Vorgarten unterzubringen. Die vielen schlechten Beispiele mit kunterbunten Ansammlungen von
Zwergkoniferen sowie anderen Gehölzen und
Stauden sind wirklich nicht nachahmenswert.
Durch eine Beschränkung in der Pflanzenauswahl wird ein Reihenhausvorgarten schlichter
und deshalb großzügiger.
Fassadenbegrünung und die Aufstellung von
Pergolen oder Rankgerüsten vergrößern die
Pflanzflächen in der Vertikalen und tragen erheblich zur Raumwirkung bei. Wie einladend ein
kleiner Vorgarten am Reihenhaus einmal wirkt,
hängt sicherlich auch von Kleinigkeiten wie der
Aufstellung einer besonders schönen Gartenbank oder einer Kübelpflanze ab.

*166, 167   Harmonische
Wegeführung durch ver-
schieden große Pflanzflä-
chen mit üppiger Strauch-
rosenbepflanzung*

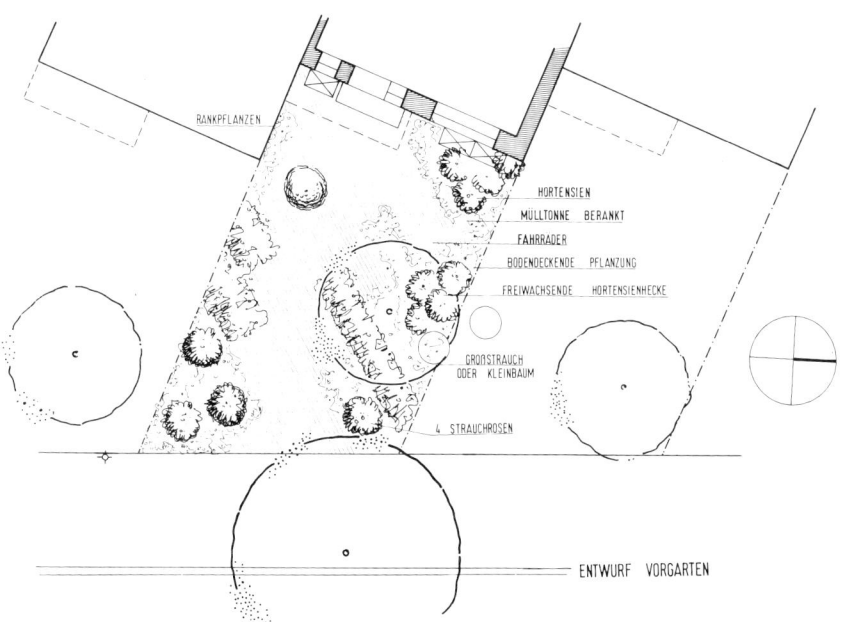

RANKPFLANZEN

HORTENSIEN

MÜLLTONNE BERANKT

FAHRRÄDER

BODENDECKENDE PFLANZUNG

FREIWACHSENDE HORTENSIENHECKE

GRONSTRAUCH
ODER KLEINBAUM

4 STRAUCHROSEN

ENTWURF VORGARTEN

168   Kugelbäume als
Hausbäume im städtischen
Vorgarten

169   »Vorgarten« – ganz schmal

170   Bei Reihenhäusern am Hang bleibt oft wenig Platz für einen »Vorgarten«.

171   Trotz Reihenhaus-
architektur individuelle
Gestaltung der Fassade

172   Dies setzt sich in der
Gestaltung des Vorgartens
fort und wird durch die Aufstellung von Kästen und
Kübeln unterstrichen.

173   Die vielfältigen Ansprüche an einen Reihenhausvorgarten wurden hier gut gelöst.

174   Die diagonale Pflaster- und Plattenverlegung bringt räumliche Tiefe in den kleinen Reihenhausgarten.

175 Die offene Vorgarten-
gestaltung fügt sich gut in
das Bild der Gesamtanlage
ein.

176 Wo Vorgärten fehlen,
hilft nur Kübelgrün oder
Fassadenbegrünung.

177 Optische Vergröße-
rung des Vorgartens durch
die Begrünung an einer
Rankhilfe (Clematis montana
»Rubens«)

178 Einfach zu pflegender
Vorgarten als Pflasterhof

179, 180   *Halb überdachter Sitzplatz im Vorgarten eines Reihenhauses*

STADTHAUS

Stadthäuser sind oft schmal und weisen in der Regel mehrere Stockwerke auf. Viele Altbauten aus dem 19. Jahrhundert und der Jahrhundertwende, die früher herrschaftliche Einfamilienhäuser in der Stadt waren, sind heute Bürogebäude. Meist kümmert man sich dann wenig um eine ansprechende Gestaltung des Vorgartens. Oft wird die kleine Fläche vor dem Haus sogar zum Parkplatz umfunktioniert.

Bei dem zur Zeit herrschenden Trend zum »Wohnen in der Stadt« werden aber auch viele Altbauten saniert und dann als Einfamilienhäuser genutzt. Auch die moderne Architektur und Stadtplanung haben sich des Typs vom Stadthaus angenommen, um dem flächenzehrenden Bau von freistehenden Einfamilienhäusern in den Vororten und am Stadtrand entgegenzuwirken. Im Zuge der Forderung »Mehr Grün in die Stadt« entstehen dabei auch wieder kleine Vorgärten, die sich sehr reizvoll gestalten lassen.

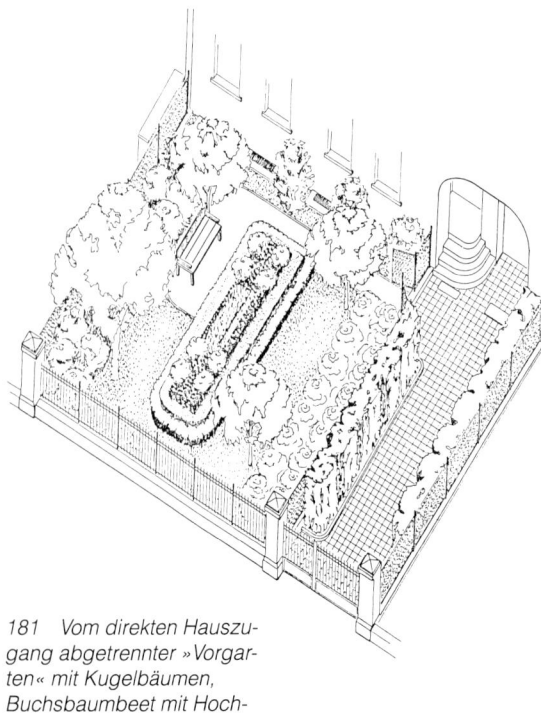

181   Vom direkten Hauszugang abgetrennter »Vorgarten« mit Kugelbäumen, Buchsbaumbeet mit Hochstammrosen und Sitzplatz mit Bank

Besonders bei Altbauten sollte man Rücksicht auf die Fassadenarchitektur nehmen, um ihre wesentlichen Merkmale wie Erker, Fensterfronten oder Giebel durch Bepflanzung nicht zu verdecken. Die Wahl des Wegematerials ist hier ganz besonders wichtig. Unter Umständen lassen sich Materialien der Fassade wie zum Beispiel Klinker, Fensterumrahmungen und Fensterbänke aus Naturstein, Sockel aus Bruchsteinen für die Wahl des Wegematerials ableiten.

Alte Stadthäuser haben oft eine Einfriedigung mit Mauern, Zäunen und Toren. Dadurch wird eine Distanz zwischen innerstädtischer Straße und Hauseingang erreicht. Entsprechend bepflanzt, entsteht dabei ein grüner Vorraum, der als besonders wohltuend empfunden wird, wenn man ihn von einer lauten Straße betritt. Bei modernen Stadthäusern, die einen Vorgarten mit Einfriedigung zulassen, sollte schon bei der Planung darauf geachtet werden, diese Wirkung zu erzielen. Eine Zusammenarbeit von Hochbauarchitekt und Landschaftsarchitekt bereits in der Planungsphase ist hier anzustreben. Einfriedigung mit Klingel, Sprechanlage und Briefkasten, Wegeführung, Abfallbeseitigung und Beleuchtung und natürlich die Bepflanzung können nur so mit dem Gebäude harmonieren. Stadthäuser mit offenen Vorgärten können zur Straße hin mit einer Hecke (Buchsbaum, Liguster, Eibe, Ilex) oder einer dichten Abpflanzung versehen werden. Hier empfiehlt es sich unter Umständen, wenn die Sonneneinstrahlung nicht zu groß ist, auf immergrüne Pflanzen zurückzugreifen. Häufig stehen Stadthäuser direkt am Bürgersteig und haben somit keinen Vorgarten. Unsere Nachbarn, die Holländer, stört das gar nicht. Sie finden selbst dann noch die Möglichkeit, ein wenig Grün vors Haus zu bringen, indem sie einfach unmittelbar am Haussockel ein paar Bürgersteigplatten aufnehmen und diese Miniflächen bepflanzen. Auch Fassadenbegrünung kann den fehlenden Vorgarten ein wenig ersetzen.

MEHRFAMILIENHAUS

Vorgärten an Mehrfamilienhäusern oder Wohnblocks wirken oft besonders trostlos. Wenn nicht zufällig der Hausbesitzer im selben Haus wohnt oder einer der Mieter oder Miteigentümer sich darum kümmert, stellt die Fläche zwischen Straße und Haus meist eine langweilige und »pflegeleichte« Angelegenheit dar, der man ansieht, daß die Anlage kaum etwas kosten durfte. Eigentlich schade, denn gerade für die Bewohner von Etagenwohnungen, die oft nicht einmal über einen Balkon verfügen, könnte der Vorgarten, besonders für Kinder, durchaus einen Aufenthalts- und Erlebnisraum darstellen. Hier sind also Hausbesitzer, Wohnungsbaugesellschaften und Bauträger aufgefordert, sich verstärkt auf die Bedürfnisse der Bewohner ihrer Häuser nach mehr Grün einzustellen und sich bei der Gestaltung der Vorgärten mehr als bisher einfallen zu lassen.

Ein attraktiv gestalteter und abwechslungsreich bepflanzter Vorgarten am Mehrfamilienhaus wird auf jeden Fall von den Bewohnern viel stärker angenommen und dann auch liebevoller behandelt. Vielleicht findet sich auch unter den Mietern ein gärtnerisch ambitionierter Bewohner, der die Pflege übernimmt. Der immer stärker werdende Wunsch nach »Mietergärten« im Geschoßwohnungsbau zeigt, daß mehr Mieter an einer gärtnerischen Tätigkeit in unmittelbarer Nähe der Etagenwohnung interessiert sind, als die Vermieter dies glauben wollen.

Statt monotonem Abstandsgrün mit Rasen (Betreten verboten!) und ein paar Sträuchern könnte neben der Haustüre ein von einer Pergola überspannter oder von halbhohen Hecken abgeschirmter Platz entstehen, wo durchaus Kinder wohnungsnah spielen oder Erwachsene sich treffen können. Gerade für den Kontakt unter den Bewohnern sind solche Zonen wichtig.

Das wohl größte Problem bei der Gestaltung von Vorgärten an Mehrfamilienhäusern dürfte die Abfallbeseitigung sein. Am bequemsten sind Müllabwurfanlagen im Haus, wobei die Sammelbehälter mittels einer Hebevorrichtung aus dem Keller an die Oberfläche befördert werden. Wo das nicht geht, wird sich die Aufstellung von Mülltonnenschränken oder -containern nicht vermeiden lassen, auch wenn es noch so unansehnlich aussieht. Deshalb muß der Standort dafür wenigstens sehr sorgfältig ausgesucht werden. Zur seitlichen Abschirmung dienen Hecken, Wände und Spaliere. Gegen die Einsicht von oben kann eine Überdachung oder eine mit Rankern bepflanzte Pergola schützen. Der Bepflanzung des Vorgartens am Mehrfamilienhaus ist besondere Aufmerksamkeit zu schenken. Sie muß zwar robust, aber auch abwechslungsreich sein. Bäume als Leitpflanzen bilden das Grundgerüst, spenden Schatten, wo es erwünscht ist, und tragen zur Identifikation der Bewohner mit ihrem Wohnumfeld bei. Heimische Gehölze und Unterpflanzungen, Hecken und Kletterpflanzen komplettieren das pflanzliche Bild.

HAUS AUF DEM LAND/ BAUERNHAUS

Für die Vorgartengestaltung eines Hauses auf dem Land gelten andere Kriterien als bei einem Haus in der Stadt oder einem städtischen Vorort. Da Bauland hier oft noch günstiger zu erwerben ist, sind die Grundstücke meist erheblich größer, was dann nicht nur dem Garten, sondern auch dem Vorgarten zugute kommt. Eine besondere Rolle spielt dabei auch, daß sich die Architektur dem ländlichen Charakter anpaßt.

Beim alten Bauernhaus ist das vorgegeben, bei neuen Gebäuden herrscht der Landhausstil vor. Aber auch bei ganz modernen Häusern auf dem Land übernehmen die Architekten Stilelemente der regionalen ländlichen Architektur und setzen sie zeitgemäß um. Ländliche Dachformen, Holzfenster mit Sprossen und Schlagläden, Fachwerk, um nur einige dieser Stilelemente aufzuzählen. Diese Formensprache sollte sich dann auch in der Gestaltung des Vorgartens niederschlagen. Die Materialien für Wege, Stufen und Treppen sowie die Einfriedigung als auch die Ausstattung müssen dem ländlichen Charakter entsprechen.

Gerade bei von Städtern umgebauten Bauernhäusern wird hier allerdings oft zuviel des Guten getan: da strotzt es nur so vor Bauernpflaster, alten Futtertrögen, hölzernen Wagenrädern und bepflanzten Schubkarren. Das richtige Fingerspitzengefühl ist beim Haus auf dem Land besonders wichtig. Für Wege, Stufen und Treppen aus Naturstein empfiehlt es sich, auf regional verfügbare Materialien zurückzugreifen. Wo Klinker hergestellt wird, wie zum Beispiel am Niederrhein oder in Westfalen, läßt sich dieses Material gut einsetzen, da es dort landschaftlich hinpaßt.

182, 183   Buchsbaumron-
dell in klassischer Manier:
Im Mittelpunkt eine Hoch-
stammrose, in den Kreisseg-
menten Strauchrosen der
gleichen Sorte, unterpflanzt
mit Lavendel

184 Staudenrabatte und
Holzzaun als Abgrenzung
des Vorgartens an einem
Reetdachhaus in Nord-
deutschland

185   *Mauerpfeiler und Wildrosen flankieren den Eingang.*

Weil Kieswege pflegeintensiv sind, gerieten sie in Vergessenheit. Dennoch stellen sie ein altbewährtes und preiswertes Wegematerial im ländlichen Vorgarten dar. Für Einfriedigungen wie Zäune und Tore ist traditionell Holz ein natürlicher und schöner Baustoff.

Die Hauptrolle spielt besonders beim Haus auf dem Land die Bepflanzung. Gerade hier sollte auf »Exoten« oder »Raritäten« verzichtet werden. Obstbäume und die schönen alten Bauernpflanzen wie Hortensie, Buchsbaum und Flieder, die herrlichen Stauden, Sommerblumen und Kübelpflanzen lassen sich auch heute noch zeitgemäß verwenden. Ohne sich bäurisch anzubiedern, soll sich die Ausstattung des ländlichen Vorgartens dem Charakter der Umgebung anpassen. Eine Sitzbank aus Holz oder Stein, Kübel aus Eichenholz mit Eisenringen für Oleander und Bleiwurz und der Rosenbogen aus Holz oder Eisen bringen sofort Atmosphäre. Nur darf es eben nicht zuviel sein. Nostalgiker können sich auf dem Land durchaus einen traditionellen Vorgarten, der in der Vergangenheit auch meist vor dem Haus lag, schaffen. Bedingung dafür ist eine sonnige Lage, da viele alte Bauerngartenpflanzen diesen Standort bevorzugen. Die Größe der zur Verfügung stehenden Fläche spielt keine so große Rolle, wohl aber das klare, einfache Ordnungsschema.

Haupt- und Nebenwege bauen eine strenge Hierarchie auf; die geometrischen Formen werden mit üppig wachsenden Pflanzen gefüllt.

Man unterscheidet drei Grundformen der Flächenaufteilung:

1. Mittelweg: Er teilt den Garten in zwei Hälften und ist die einfachste Aufteilungsmöglichkeit.
2. Kreuzform: Nach dem Vorbild des Klostergartens, dem der Bauerngarten seine Herkunft verdankt, teilt ein Wegekreuz den Garten in vier gleichgroße Teilflächen.
3. Blumenrondell: Diese Form ist verspielter als die Kreuzform und weist Merkmale des Parterres barocker Gärten auf.

EINGANG

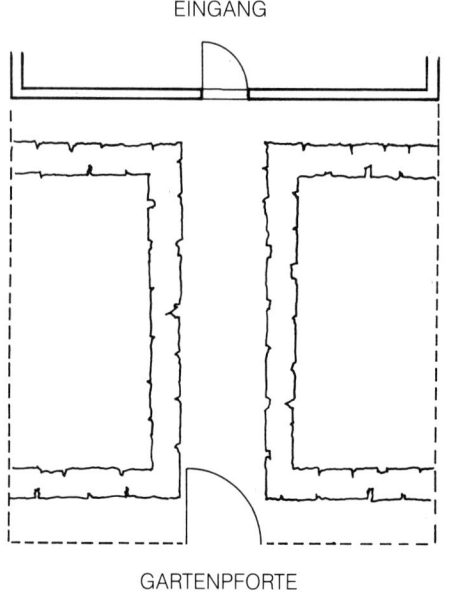

GARTENPFORTE

EINGANG

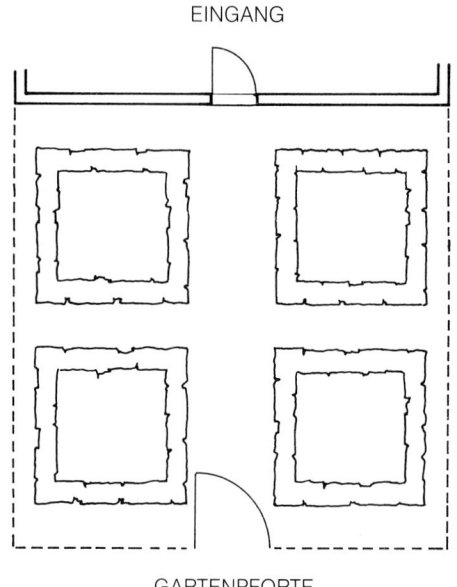

GARTENPFORTE

189   Die klassische Form
eines bäuerlichen Vorgar-
tens mit der Bepflanzung
Grün in Grün

EINGANG

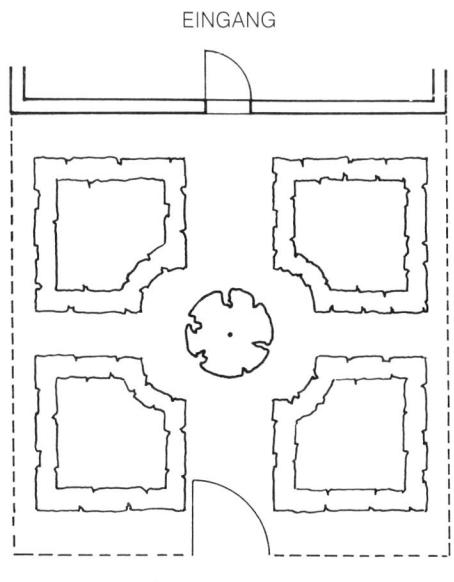

GARTENPFORTE

186–188   Die drei Grund-
formen des Gartens auf dem
Lande, der meist auch Vorgarten ist.

191 Blumen und Gemüse in enger Nachbarschaft

Besonders wichtig ist die Beeteinfassung im Bauerngarten. Sie gibt den strengen Rahmen für die darin wachsende üppige Bepflanzung. Die Einfassung ist somit das tragende Gerüst der Anlage und bildet einen ruhenden Gegenpol zur Innenbepflanzung. Deshalb sollten für die Beeteinfassung nur Pflanzen derselben Art verwendet werden. Traditionell ist dies Zwergbuchsbaum, der schwachwüchsig ist, anpassungsfähig und sehr alt wird. Auch im Winter, wenn die Innenpflanzung verblüht ist, sieht der Buchsbaum gut aus, da er immergrün ist. Denkbar sind aber auch Einfassungen aus niedriger Berberitze, aus Stauden wie Lavendel oder Schleifenblume oder aus Sommerblumen wie Tausendschön und Vergißmeinnicht. Für die Bepflanzung der eingefaßten Rabatten gibt es die unterschiedlichsten Möglichkeiten:

– Sommerblumen
– Stauden
– Rosen mit dazu passenden Stauden oder Sommerblumen
– Gemüse
– Küchenkräuter
– Blumenzwiebeln

Kombinationen sind besonders schön, wenn sie in Blütezeit und Blütenfarbe aufeinander abgestimmt sind. Für das Frühjahr werden Rosen und sommerblühende Stauden mit Blumenzwiebeln wie frühe Narzissen und Tulpen unterpflanzt. Statt Stauden lassen sich Rosen auch mit winterharten Küchenkräutern wie Salbei, Beifuß und Zitronenmelisse kombinieren. In die Sommerblumenbeete kann man Dahlienknollen setzen. Auch wenn die Beschäftigung und das Experimentieren mit der Anlage und Pflege eines Bauerngartens etwas mehr an Gartenarbeit erfordern, so ist die Freude an einem Bauerngärtchen vor dem Haus nicht hoch genug einzuschätzen. Hauptwege können aus Platten, Pflaster und Klinker, beziehungsweise aus Kombinationen daraus bestehen. Nebenwege aus Kies, Rindenmulch oder Gerberlohe. Diese Materialien werden von Ungeziefer, insbesondere Schnecken, gemieden. Rosenkugeln, die es heute wieder in vielen Größen und Farben zu kaufen gibt, können auf Holzstäben vereinzelt in die buchsumsäumten Rabatten gesteckt werden.

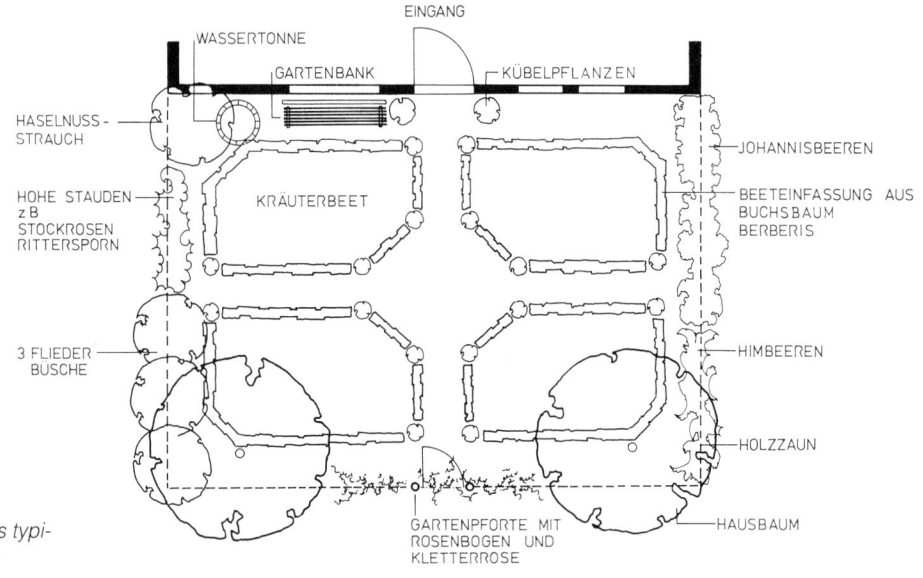

190 Pflanzplan eines typischen Bauerngartens

192   Traditioneller Vorgarten mit Gemüse, Stauden und Rosenbogen

193   Stockrosen gehören
zu den ältesten und belieb-
testen Bauerngartenpflan-
zen.

195   Hinter dem Holzlattenzaun steht als Hausbaum
eine Birke, die wegen der
Wurzelbildung und starkem
Laubfall nicht zu nah ans
Haus gepflanzt werden
sollte.

◁ 194   Stockrosen in meh-
reren Farben und ein pilz-
förmiger Blumenschalen-
Sockel markieren den Ein-
gang.

196   Architektonisch
geschnittene Buchsbaum-
formen (Kugel, Würfel,
Pyramide) kontrastieren
hier in höchster Vollendung
mit niedrigem und hohem
japanischen Ahorn.

197 Die weiße Bank paßt
gut zum weißen Fachwerk
und zur weißen Hortensie.

198 Schlichter Vorgarten
mit strapazierfähigem Rasen
in Kampen ▽

199   Die Architektur
gibt hier eine axiale
Wegeführung vor.

200   Der markante Haus-
baum und eine offene Vor-
gartengestaltung verleihen
dem Haus seinen persön-
lichen Charakter.

201 Die Einfriedungs-
mauer wird von Pflanzung
überwuchert.

202 Hinter den hohen Klinkermauern und dem Holztor
verbirgt sich ein intimer
Platz vor dem Haus.

203   Über einen Holzsteg gelangt man ins Haus. Das am Rand gepflasterte Wasserbecken voller Goldfische und Seerosen in Kübeln ist mit Folie gebaut worden.

204   Harmonie zwischen
Pflanz- und Wegeflächen
durch eine differenzierte
Staudenverwendung

205 Einfache, aber sehr atmosphärisch wirkende Vorgartengestaltung an einem englischen Cottage

206   Gartenbepflanzung,
wie sie für England typisch
ist: »Long border« und
Blütengehölze

207   Für eine Blumenwiese
im Vorgarten bietet dieses
Landhaus genügend Raum.

208   Dekorativer Blickfang im Eingangsbereich: Eine Sammlung verschiedener Buchsbaumfiguren in Terra-kotta-Töpfen

209   Große Kugeln aus
Buchsbaum begleiten den
Weg zum Haus. Ohne sie
wäre die Rasenfläche vor
dem Haus eintönig.

210   Harmonie des Zusam-
menspiels: Granitstein-
pflaster, Blockstufen und
Bepflanzung

211   Abschirmung des
Vorgartens durch hohe
Rhododendren

212   Gräser als Gestal-
tungsthema im Vorgarten

213   Abwechslungsreich
mit Stauden und Rosen
bepflanzter Vorgarten, wie
er in England besonders
beliebt ist.

214   Eine Allee aus Kasta-
nien führt auf ein herrschaft-
liches Landhaus. Kugelrobi-
nien betonen den Eingang.
Kunstwerke des Bildhauers
Huub Kortekaas vervollstän-
digen die Symmetrie der
Anlage.

215   Das Material Holz
fügt sich gut in die ländliche
Umgebung ein.

216   Pergola und Holztor
schirmen den Hauseingang
ab.

217   Ein Baldachin aus
Efeu weist den Eingang zum
Bauernhaus. Kübelpflanzen,
Fassadenbegrünung und
dekorative Blattstauden
schaffen zusätzlich eine besondere Atmosphäre.

218   Seit altersher ein ge-
bräuchliches Wegematerial:
Bauernpflaster

219   Halbhohe Stauden
fassen den Sitzplatz vor
dem Haus ein.

◁ 220   Fassadengrün und
geschnittene Pflanzen-
figuren

221 Abgrenzung des länd-
lichen Vorgartens durch
Stauden in Gelb, Orange
und Rot. Betonung der Vertikalen durch die Königskerze

222 Wirkungsvoller Kontrast von geschnittenen und frei wachsenden Pflanzen

223　Klassisch-formale
Ordnung durch geschnit-
tene Buchsbaumeinfassun-
gen, die einen Rahmen für
eine vielfältige Stauden-
pflanzung bieten.

ANHANG

Literaturhinweis

Baetzner, Alfred
Natursteinarbeiten, Stuttgart 1979

Baumann, Rudi
Begrünte Architektur, München 1983

Bund Deutscher Baumschulen
Handbuch Stauden Teil III.
Fördergesellschaft »Grün ist Leben«,
Pinneberg 1986

Bund Deutscher Baumschulen
Handbuch Rosen Teil IV.
Fördergesellschaft »Grün ist Leben«,
Pinneberg 1986

Graeber, Traut, Betz-Schiel, Witta
Der Vorgarten, Stuttgart 1986

Hausmann, Wilfried
Gartenkunst der Renaissance und des
Barock, Köln 1983

Hobhouse, Penelope
Garden Style, London 1988

Lawrence, Sidney, Foy, Georg
Music in stone, USA o. O. 1984

Lestrieux, Elisabeth de
het kleine paradijs, Zutphen 1984

Lloyd, Christopher
The well-chosen garden, London 1984

Meyer, Hans
Vom Grundstück zum Wohngarten, Stuttgart
1977

Richter, Gerhard
Handbuch Stadtgrün, München, Wien, Zürich
1981

Strong, Roy
Creating small gardens, London 1986

Tessenow, Heinrich
Hausbau und dergleichen, München 1984

NACHWEIS DER LANDSCHAFTSARCHITEKTEN

BILDNACHWEIS

PLANUNGSHINWEISE

Wer plant Hausgärten, Terrassen, Pflanzungen?

Landschaftsarchitekten

Informationen über Branchenverzeichnis oder
Bund Deutscher Landschaftsarchitekten BDLA
Bundesgeschäftsstelle Bonn
Colmantstr. 32
5300 Bonn 1
Tel. (0228) 655488
Telefax: 0228-650098

Wer führt von Landschaftsarchitekten geplante
Anlagen aus?

*Unternehmen des Garten- und Landschafts-
baues*

Informationen über Branchenverzeichnis oder
Bundesverband Garten-, Landschafts- und
Sportplatzbau e. V.
Haus der Landschaft
Alexander von Humboldtstr. 4
Postfach 1169
5340 Bad Honnef 1
Tel. 02224/77070
Telefax: 02224-770777

Wer liefert Gehölze?

Baumschulen

Informationen über Branchenverzeichnis oder
Bund deutscher Baumschulen e. V. – BdB
Bismarckstr. 49
2080 Pinneberg
Tel. (04101) 28015
Telefax: 04101-27085

Wer liefert Stauden?

Staudengärtnereien

Informationen über Branchenverzeichnis oder
Bund Deutscher Staudengärtner (im ZVG)
Gießener Str. 47
6310 Grünberg
Tel. (06401) 7003

Wer liefert Rosen?

Rosenbaumschulen

Informationen über
Bund deutscher Baumschulen e. V. – BdB
Anschrift siehe oben

Wer liefert Pflaster und Platten aus Naturstein?

Naturwerkstein-Fachbetriebe

Informationen über Branchenverzeichnis oder
Bundesverband der Naturwerkstein-Fachbe-
triebe e. V. – BNF
Sanderstr. 4
8700 Würzburg
Tel. (0931) 12061
Telefax: 0931-14549

Wer liefert Pflaster und Platten aus Beton?

Baustoffhandel

Informationen über Branchenverzeichnis oder
Bundesverband der Deutschen Zementindu-
strie e. V.
Pferdmengesstr. 7
5000 Köln 51
Tel. (0221) 371026
Telefax: 0221-3765686

Wer liefert Klinker?

Baustoffhandel, Klinker-Zentralen

Informationen über Branchenverzeichnis oder
Fachverband Ziegelindustrie e. V.
Am Zehnthof 197–203
4300 Essen 13
Tel. (0201) 5921306
Telefax: 0201-5921359

Wer liefert Holz?

Holzhandel, Baustoffhandel

Informationen über Branchenverzeichnis oder
Arbeitsgemeinschaft Holz e. V.
Füllenbachstr. 6
4000 Düsseldorf 30
Tel. (0211) 434635
Telefax: 0211-452314